D0604487

WILLIAMS-SONOMA

POLLO

RECETAS Y TEXTO
RICK RODGERS

EDITOR GENERAL
CHUCK WILLIAMS

FOTOGRAFÍA
MAREN CARUSO

TRADUCCIÓN
LAURA M. CORDERA

CONTENIDO

COMIDAS DE UN SOLO PLATILLO

A LA PARRILLA

CON UN POLLO ROSTIZADO

MAS ALLÁ DEL POLLO

INTRODUCCIÓN

Me complace poder compartir las recetas de este libro con los cocineros de América Latina. Como el gastrónomo francés Jean Anthelme Brillat-Savarin escibió "El pollo es para el cocinero lo mismo que un bastidor es para un pintor." Cada cocina tiene su propio repertorio de recetas elaboradas con este ingrediente tan versátil y existe un platillo preparado con pollo para cada gusto: Un pollo cocido es grato y agradable; rostizado es elegante para recibir visitas; una pechuga se puede cocinar en unos cuantos minutos.

En este libro de cocina, hemos arreglado los platillos de tal forma que el cocinero podrá encontrar la receta ideal para cualquier ocasión. Cuenta con una selección de cenas formales para recibir visitas durante el fin de semana y otra de cenas rápidas para el resto de la semana. En una tarde fría de otoño, busque en el capítulo de sopas y guisados, y en el verano vea el capítulo de parrilladas. O, si está de humor para una receta favorita de antaño, un platillo del capítulo de recetas clásicas será la elección perfecta. Se han hecho degustaciones para cada receta en este libro y subrayan un término o técnica en particular que ha sido utilizada en cada receta, ahondando más en el tema. Para esta edición en Español también hemos hecho sugerencias para sustituir los ingredientes que difieren en nuestros países. Al final del libro podrá encontrar un capítulo de temas básicos que reúne todo lo que usted debe saber sobre las técnicas para preparar pollo. ¡ Buen Provecho!

Chuck Williams

LAS CLÁSICAS

Algunos platillos hechos con pollo se consideran como clásicos y por muy buenas razones. Su encanto ha perdurado a través de los años, mientras que la moda ha ido y venido. Todas las recetas que se presentan a continuación, son recetas de alimentos reconfortantes de antaño a las cuales se les han hecho unos cuantos cambios saludables o se han modernizado para adaptarse al paladar actual. Son platillos que satisfacen y que se mantienen fieles a las deliciosas recetas originales.

EL PERFECTO POLLO ASADO

Precaliente el horno a 200ºC (400ºF). Unte el pollo por fuera con la mantequilla y salpimiente por dentro y por fuera e introduzca la cebolla y el romero en de la cavidad del pollo. Si lo desea puede sujetarlo atando las piernas juntas, con hilo de cocina y metiendo las puntas de las alas bajo la parte de atrás.

Coloque el pollo de lado en una charola para asar engrasada. Ase por 30 minutos. Gírelo sobre su otro costado y ase por 30 minutos más. Voltee el pollo sobre su espalda. Ase hasta que el termómetro de lectura instantánea insertado en la parte mas gruesa registre 77ºC (170ºF), durante aproximadamente 45 minutos más, para un total de tiempo de asado de 1¾ horas.

Pase el pollo a un platón caliente. Deje reposar, cubierto con papel aluminio, por 10-15 minutos antes de trinchar.

RINDE 6-8 PORCIONES.

1 pollo para asar, 3.25 kg (6½ lb) reserve las vísceras para otro uso, enjuague y seque

2 cucharadas soperas de mantequilla sin sal a temperatura ambiente

Sal y pimienta recién molida

1 cebolla amarilla o blanca pequeña picada

2 ramas frescas de romero o tomillo

SOBRANTES

Este pollo asado es un platillo para 4 personas con suficiente sobrante para una cena alguna otra noche. Para localizar un capítulo con recetas preparadas con sobras de carne de pollo asado pase a la Pág. 79. Para almacenar las sobras, separe la carne de los huesos, empáquelos en bolsas herméticas y refrigere hasta por 3 días.

POLLO A LA CAZADORA

1 pollo de 2 kg (4 lb) lavado, seco y cortado en piezas. (página 108)

Sal y pimienta negra recién molida

2 cucharadas de aceite de oliva

1cebolla amarilla o blanca picada

1 pimiento amarillo sin semillas y picado (capsicum)

315 g (10 oz) de creminis frescos o champiñones cepillados

1 diente de ajo picado

1 cucharadita de albahaca seca

1 cucharadita de orégano seco

⅛ cucharadita de hojuelas de chile rojo

1 taza (250 ml/8 fl oz) de vino tinto como Zinfandel

1 lata (875 g/28 oz) de trozos de jitomate escurridos

½ cucharadita de champiñones porcino molidos y deshidratados (polvo de cepes) (página 28) opcional

1 taza (155 g/5 oz) de polenta ya cocinada (ver explicación a la derecha)

Sazone el pollo con sal y pimienta negra. En una sartén para freír grande con tapa, caliente el aceite a fuego medio-alto hasta que este muy caliente. En lotes o tandas vaya añadiendo el pollo y cocinándolo sin tapa volteando una sola vez hasta dorarlo por ambos lados, durante 10 minutos. Páselo a un plato y reserve.

Retire 2 cucharadas de grasa y vacíe el resto a la sartén; regrese a fuego medio. Añada la cebolla y el pimiento amarillo y cocine destapado, moviendo de vez en cuando hasta suavizarse, por 5 minutos. Agregue los champiñones frescos y el ajo y cocine, moviendo de vez en cuando hasta que los champiñones estén tiernos, por unos 6 minutos. Integre la albahaca, el orégano y las hojuelas de chile rojo.

Añada el vino tinto, suba la temperatura y deje que hierva. Cocine destapado hasta que el vino se reduzca a la mitad por unos 5 minutos. Agregue los jitomates y polvo de porcini seco, si es que va a usarse, y deje que hierva. Vuelva el pollo a la sartén y tape muy bien. Reduzca la temperatura a media-baja y cocine hasta que no muestre señales de color rosa al cortarse cerca del hueso, por unos 30 minutos.

Pase a un plato de servicio y tape ligeramente con papel aluminio para mantenerlo caliente. Ponga la salsa a hervir a fuego alto y cocine destapada hasta que espese de 3 a 5 minutos. Sazone con sal y pimienta. Vacíe sobre el pollo y sirva inmediatamente sobre la polenta caliente.

RINDE 4 PORCIONES

POLENTA

Mientras el pollo esté cocinándose a fuego lento, ponga 3 tazas (750 ml/24fl oz) de agua y una cucharadita de sal en la cazuela superior de una olla para baño María a temperatura alta. Al mismo tiempo, ponga agua en la olla inferior, coloque la olla superior sobre el agua hirviendo. Bata 1 taza (155 g/5 oz) de polenta (lento cocimiento, no instantáneo) con 1 taza (250 ml/8 fl oz) de agua fría, luego bata la mezcla en el agua caliente de la olla superior. Cocine destapada, moviendo hasta que quede muy espesa, por unos 30 minutos. Añada ½ taza (60 g/2 oz) de queso parmesano rallado. Sazone con sal y pimienta.

POLLO FRITO CON EMPANIZADO
A LAS HIERBAS

En un tazón grande, mezcle la crema buttermilk con los ajos, 1½ cucharaditas de sal, romero, mejorana, salvia, tomillo y la pimienta de cayena. Agregue el pollo y cubra toda la piel. Tape y refrigere durante al menos una hora o hasta por cuatro horas.

Vacíe la harina en un tazón. Pase el pollo, pieza por pieza, por la harina a cubrir. Coloque sobre una charola para hornear. Resérvelo ya capeado 30 minutos para preparar la cubierta.

Precaliente el horno a 200ºC (400ºF). Coloque una sartén para freír gruesa y amplia, sobre calor alto, derrita suficiente manteca o vierta suficiente aceite para que alcance una profundidad de 12 mm (½ in). Caliente hasta que el termómetro para freído intenso marque 190ºC (375ºF). En 2 ó 3 partes, sin amontonar, fría el pollo volteando, una sola vez hasta dorar por ambos lados, aproximadamente durante 10 minutos. Pase a una charola para hornear. Mantenga a temperatura de por lo menos 165ºC (325ºF) mientras fríe y permita que la temperatura regrese a 190ºC (375ºF) entre las tandas de freído.

Coloque en el horno la charola con el pollo y cocínelo hasta que desaparezca el color rosado de las partes mas gruesas cerca del hueso, durante 20 minutos. Pase a una rejilla colocada sobre toallas de papel para escurrir. Sirva caliente o a temperatura ambiente, pero durante las próximas 2 horas de haber sido cocinado.

Nota: Utilice pollos pequeños para freír, no más grandes de 1.5 kg (3 lb). Las aves más grandes tardan demasiado tiempo en cocinarse.

RINDE 6-8 PORCIONES

CONOCIMIENTO DEL POLLO FRITO

Para freír elija una sartén gruesa preferentemente de mango de hierro fundido que mantiene mejor el calor. Utilice guantes gruesos para evitar quemaduras de aceite por salpicaduras. Utilice un termómetro para freír, para asegurar que la temperatura es la correcta. No deje que el aceite se caliente demasiado, si alcanza los 200ºC (400ºF) o más, puede arder en flamas. Utilice unas pinzas fuertes para colocar con cuidado las piezas de pollo en el aceite caliente, para voltearlos y retirarlos del sartén. Nunca amontone el pollo en el sartén pues no obtendrá la cubierta dorada que se desea.

2 tazas (500 ml/16 fl oz) de crema buttermilk o (500 g/1 lb) de yogurt bajo en grasa, batido para adelgazar

2 dientes de ajo triturado con el prensador

Sal

1 cucharadita de romero seco molido

1 cucharadita de mejorana seca

1 cucharadita de salvia seca

1 cucharadita de tomillo seco

⅛ cucharadita de pimienta de cayena

2 pollos, 1.5 kg (3 lb) cada uno (vea nota) enjuagados secos y cortados en piezas para servir (Pág. 108)

2½ tazas (390 g/12½ oz) de harina

Manteca vegetal o aceite para freír

SOPA DE PASTA Y POLLO AL ESTILO CASA DE CAMPO

4 cucharadas (60 ml/2 fl oz) de aceite vegetal

2 cebollas amarillas o blancas picadas

3 zanahorias, peladas y en rebanadas de 12 mm (½ in) de grueso

3 tallos de apio, en rebanadas de 12 mm (½ in) de grueso

1 pollo, de 2 kg (4 lb), enjuagado, seco y cortado en piezas para servir (página 108)

3 ramas de perejil (italiano) y un tanto más picado, para adornar

½ cucharadita de tomillo seco

¼ cucharadita de pimienta en grano

1 hoja de laurel

90-125 g (3-4 oz) de tallarines anchos

Sal y pimienta recién molida

En una olla grande para sopa u horno holandés, caliente 2 cucharadas de aceite a calor medio. Añada la mitad de las cebollas, una tercera parte de las zanahorias y una tercera parte del apio y cocine moviendo frecuentemente hasta que las cebollas estén doradas, por unos 8 minutos.

Agregue las piezas de pollo y agua fría hasta cubrir 2.5 cm (1 in). Hierva a temperatura alta. Añada el perejil, el tomillo, las pimientas y las hojas de laurel; reduzca el fuego a bajo y cubra parcialmente. Deje hervir a fuego lento, retirando la espuma que sale a la superficie hasta que el pollo no muestre un color rosado al cortar las partes más gruesas cerca del hueso, aproximadamente durante unos 40 minutos. Utilizando una espumadera retire las piezas de pollo y deje que se enfríen ligeramente; conserve el caldo a fuego lento. Retire la piel y los huesos. Corte el pollo en trozos pequeños, tape y reserve. Regrese los huesos y la piel al caldo, cubra parcialmente y continúe hirviendo a fuego lento durante una hora.

Utilizando una cuchara grande retire cualquier grasa de la superficie del caldo. Cuele a un tazón utilizando un colador fino o con manta de cielo. Enjuague y seque la olla; ponga a fuego medio y agregue las 2 cucharadas restantes de aceite. Agregue las cebollas, zanahorias y apio restantes y cocine moviendo continuamente hasta suavizarse durante aproximadamente por 5 minutos. Añada el caldo y hierva a fuego alto. Reduzca el calor a bajo; cubra parcialmente y hierva a hasta que las verduras estén tiernas, durante unos 30 minutos.

Añada los tallarines y cocine hasta que se suavicen, aproximadamente 12 minutos. Durante los últimos 5 minutos incorpore la carne de pollo reservada. Retire cualquier residuo de grasa de la superficie. Sazone con sal y pimienta. Vierta en tazones calientes, adorne con el perejil picado y sirva.

RINDE 8 PORCIONES

VEGETALES AROMÁTICOS
La cebolla, la zanahoria y el apio picado que se utilizan es esta sopa de pollo, son un condimento común; un elemento tradicional en concentrados, guisados y salsas. Al principio de una receta los vegetales son salteados para dar sabor. Cuando están finamente cortados, la combinación es conocida en la cocina francesa clásica como "mirepoix". En ocasiones la carne o las aves son asadas sobre una cama de éstos u otros vegetales aromáticos.

COQ AU VIN

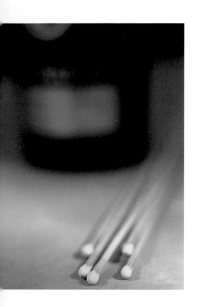

En una sartén para freír grande, caliente 2 cucharadas de aceite a fuego medio; agregue las echalotas y saltee hasta que estén ligeramente doradas, durante 5 minutos. Añada los champiñones y saltee hasta que se doren también por 6 minutos. Salpimiente. Pase a un tazón y reserve.

En una olla grande u horno holandés, caliente a fuego medio alto las 2 cucharadas del aceite. En partes, pero sin amontonar, coloque el pollo y condimente con sal y pimienta. Cocine sin tapar, voltee una sola vez hasta dorar por ambos lados, por un total de 10 minutos. Reduzca el fuego a bajo y regrese todo el pollo a la olla. Con cuidado vacíe el Cognac sobre el pollo. Utilice un cerillo largo y encienda el Cognac (vea explicación a la izquierda) deje encendido hasta que las flamas se consuman. Pase a un platón.

Agregue a la olla el vino tinto, el caldo de pollo, el puré de jitomate y el tomillo. Hierva a fuego medio alto y mueva para raspar del fondo de la olla cualquier pedazo dorado. Regrese el pollo a la olla y tape. Reduzca el fuego a medio bajo y hierva hasta que el pollo no muestre el color rosado cuando se corte en las partes más gruesas, aproximadamente unos 30 minutos. Durante los últimos 5 minutos, agregue el tocino y las verduras reservadas. Con una espumadera, pase el pollo y las verduras a un platón y cubra con papel aluminio para mantener caliente. Retire la olla del caldo deje reposar durante 5 minutos.

En un tazón pequeño suavice la mantequilla con la harina para hacer un roux. Quite cualquier residuo de grasa de la superficie del caldo. Regrese la olla a fuego alto y ponga a hervir el caldo. Mezcle ½ taza (125 ml/4fl oz) de caldo con el roux e intégrela a la olla. Reduzca el fuego a medio bajo y deje hervir destapado, moviendo de vez en cuando hasta que el caldo se espese formando una salsa, aproximadamente 5 minutos. Sazone con sal y pimienta. Regrese el pollo y las verduras a la olla y cubra con la salsa. Sirva sobre los tallarines y adorne con el tomillo.

RINDE 4 PORCIONES

CÓMO FLAMEAR

Cuando un licor de alto contendido de alcohol, como el Cognac u otro brandy se utiliza en una receta, por lo general se enciende y se utiliza para flamear. Esto consume casi todo el alcohol dejando un sabor a licor. Hacerlo es fácil, pero requiere de cierta precaución. Utilice un cerillo largo de cocina, mantenga la ropa holgada y el cabello lejos de la sartén y aparte la cara. Sostenga el cerillo encendido por arriba del licor en la sartén y prenda. Mantenga la tapa de la sartén cerca para cubrirlo en caso que las flamas llegaran a salirse de control. Normalmente se consumen en 30 segundos.

4 cucharadas (60 ml/2 fl oz) de aceite de oliva

6 echalotas pequeñas

250 g (½ lb) de botones de champiñones frescos, partidos en cuartos

Sal y pimienta

1 pollo de 2 kg (4 lb) cortado en piezas para servir (página 108)

¼ taza (60 ml/2 fl oz.) de Cognac u otro brandy

2 tazas (500 ml/16 fl oz) de vino tinto seco como Zinfandel

1 taza (250 ml/8 fl oz) de caldo de pollo

2 cucharaditas de puré de tomate espeso

1 cucharadita de tomillo fresco o ½ cucharadita de seco

125 g (¼ lb) de pancetta o tocino, rebanado grueso, frito y picado

2 cucharadas de mantequilla sin sal, a temperatura ambiente

2 cucharadas de harina de trigo

375 g (¾ lb) de tallarines de huevo cocinados de acuerdo a las instrucciones en el paquete

Ramas de tomillo fresco para adornar

PIE DE POLLO

Sal y pimienta fresca

1 taza (125 g/4 oz) de zanahoria pelada y rebanada (rebanadas de 6 mm/¼ in)

1 taza (155 g/5 oz) de chícharos frescos pelados o chícharos congelados a temperatura ambiente

1 taza (185 g/6 oz) de granos de elote (2 ó 3 mazorcas)

2 cucharadas de mantequilla sin sal

4 muslos de pollo sin piel y deshuesados, aproximadamente 625 g (1¼ lb) cortados en pedazos pequeños

2 cucharadas de echalota picada

¼ taza (45 g/1½ oz) de harina de trigo

1½ taza (375 ml/12 fl oz) de caldo de pollo

½ taza (125 ml/4 fl oz) de vino blanco seco

½ taza (125 ml/4 fl oz) de media crema

1 cucharada de hojas de perejil picado

1 yema de huevo batida con 1 cucharadita de agua

1 círculo de masa para pie de 23 cm (9 in) hecha en casa o comprada (ver explicación a la derecha)

Precaliente el horno a 200ºC (400ºF). Caliente una olla con ¾ partes de agua ligeramente salada a hervir. Utilizando un colador de pasta grande sumerja la zanahoria y los chícharos en el agua y hierva hasta que estén tiernos, de 3 a 5 minutos. Levante el colador escurra y pase a un tazón. Repita la operación con el elote, hirviéndolo por 1 minuto. Reserve.

Sobre fuego medio alto caliente una sartén grande con tapa y derrita la mantequilla. Agregue el pollo y cocine sin tapar moviendo de vez en cuando hasta que se dore por todos las dos, aproximadamente 8 minutos. Añada las echalotas y cocine moviendo hasta suavizar aproximadamente 2 minutos.

Integre la harina y mezcle. Incorpore el consomé, vino, media crema y perejil hasta hervir a fuego lento. Tape y reduzca el fuego por 10 minutos más. Agregue las zanahorias, chícharos y elotes. Sazone con sal y pimienta. Pase a un molde profundo para pie de 23 cm (9 in).

Barnice con un poco de la mezcla de huevo haciendo un borde de 2.5 cm (1 in) alrededor de la orilla del círculo de la masa para pie. Coloque el círculo barnizado hacia abajo, sobre el relleno y presione la masa contra el borde del platón. Corte cualquier restante de la masa y unte la superficie ligeramente con la yema de huevo restante. Inserte la punta del cuchillo en el centro de la cubierta y haga pequeñas incisiones.

Coloque el plato en una charola para hornear. Hornee hasta que la pasta este dorada durante unos 30 minutos. Sirva caliente.

RINDE 4-6 PORCIONES

PASTA PARA PIE
Mezcle 1½ taza (235 g/7½ oz) de harina con ½ cucharadita de sal. Utilizando un mezclador para pastas o 2 cuchillos, integre 6 cucharadas (90 g/3 oz) de manteca vegetal refrigerada y 2 cucharadas de mantequilla sin sal refrigerada, hasta formar una pasta gruesa. Combine con un tenedor mientras añade gradualmente suficiente agua fría (hasta ⅓ taza/80 ml/3 fl oz) para que la masa se integre. Forme un disco, envuelva con plástico adherente y refrigere por 30 minutos. Extienda sobre una superficie enharinada y forme un círculo de 3 mm (⅛ in) de grueso.

CENAS RÁPIDAS

Las recetas de este capítulo pondrán en su mesa platillos fáciles que requieren poco esfuerzo. Una despensa bien surtida de pasta, arroz, latas de puré de tomate y consomé, cebolla, ajos, hongos secos y aceite de oliva, serán la clave hacia la rapidez. Con estos ingredientes a la mano sólo necesitará una rápida parada en cualquier tienda por los perecederos que falten. Algunos de estos platillos son lo suficientemente elegantes para recibir invitados.

POLLO PICANTE CON SALSA FRITA DE ALBAHACA

En un tazón pequeño mezcle el caldo, la salsa de pescado y el azúcar. Añada la fécula de maíz y siga moviendo hasta que la fécula y el azúcar estén disueltas. Reserve.

En una sartén grande o wok, caliente el aceite a fuego alto agregue el pimiento y mueva por un minuto. Agregue chile al gusto y el ajo y fría moviendo hasta que aromatice, durante 20 segundos, añada las tiras del pollo y fría moviendo hasta que pierda su color rosado durante 2½ minutos. Combine la albahaca y las cebollas y fría moviendo hasta que las cebollas se marchiten ligeramente, durante 1 minuto.

Bata la mezcla de la salsa nuevamente y vacíe en la sartén, cocine solamente hasta que el líquido empiece a hervir. Coloque el arroz en platos individuales y cúbralos con la mezcla frita y su salsa.

RINDE 4 PORCIONES

VARIEDADES DE ALBAHACA

La albahaca aromática a veces llamada albahaca Italiana, es fundamental para la cocina mediterránea. Al otro lado del mundo, en Tailandia, otra variedad de albahaca es igualmente, esencial. Para una versión más veraz de este platillo busque la albahaca Thai, que tiene hojas más pequeñas y angostas que la variedad de hojas italianas, con un matiz rojizo morado y un sabor de anís mas marcado. Búsquela en tiendas asiáticas o en mercados ó plante estas semillas en maceta a la intemperie para un cultivo más fácil.

6 cucharadas (90 ml/3fl oz.) de caldo de pollo

2 cucharadas de salsa de pescado asiática

2 cucharaditas de azúcar morena clara

½ cucharadita de fécula de maíz (maizena)

2 cucharadas de aceite vegetal

1 pimiento morrón rojo grande (capsicum) sin semilla y cortado en tiras de 6 mm (¼ in) de grueso

1 ó 2 chiles jalapeños cortados a lo ancho en rodajas muy delgadas

2 dientes de ajo machacado

3 mitades de pechuga sin piel y deshuesadas, aproximadamente 500 g (1 lb) cortadas a lo largo en tiras delgadas

¾ taza (30 g/1 oz) de hojas de albahaca fresca de preferencia Thai, finamente rebanada *(ver explicación a la izquierda)*

3 cebollas cambray, incluyendo los rabos verdes, cortados en trozos de 7.5 cm (3 in) de largo

1½ taza (330 g/10½ oz) de arroz de grano corto o jazmín, cocinado de acuerdo a las instrucciones del paquete

PECHUGAS DE POLLO CON JITOMATE CEREZA, CALABACITAS Y ACEITUNAS

2 cucharadas de aceite de oliva

2 calabacitas (courguettes) cortadas en cubos de 12 mm (½ in)

2 cucharadas de echalotas picadas

2 tazas (375 g/12 oz) de jitomates cereza rojos y amarillos partidos en mitades o jitomates "Grape" o "Sweet 100s" enteros sin tallo

⅓ taza (45 g/1½ oz) de aceitunas negras mediterráneas sin hueso picadas

1 cucharadita de romero fresco picado

Sal y pimienta recién molida

4 mitades de pechugas de pollo deshuesadas y sin piel como de unos 185 g (6 oz) cada una, y aplanadas, todas de un grosor uniforme (página 108)

½ taza (125 ml/4 oz) de vino blanco seco o vermouth

1½ tazas (330 g/10½ oz) de arroz blanco de grano largo, ó 1¾ taza (375 g/12 oz) de pasta orzo cocinada según las instrucciones del paquete

En una sartén grande anti adherente para freír, caliente 1 cucharada de aceite a fuego medio alto. Añada las calabacitas en cubos y cocine moviendo de vez en cuando hasta que se doren ligeramente, aproximadamente 6 minutos. Agregue las echalotas y cocine moviendo hasta suavizar, aproximadamente 1 minuto. Incorpore los jitomates, las aceitunas, el romero y cocine moviendo de vez en cuando hasta que los jitomates estén calientes, pero no deshechos, aproximadamente 2 minutos. Sazone con sal y pimienta. Pase a un platón y reserve.

Agregue la cucharada de aceite restante en una sartén para freír. Sazone las pechugas con sal y pimienta. Cocine y voltee una sola vez hasta que se doren por ambos lados y se sientan firmes al presionar en el centro, aproximadamente 8 minutos en total. Pase a un plato y mantenga caliente

Vierta el vino a la sartén y hierva. Regrese las verduras a la sartén y cocine por 1 minuto para recalentar, moviendo una o 2 veces. Pase a un platón caliente y coloque encima las pechugas. Sirva inmediatamente con el arroz caliente.

RINDE 4 PORCIONES

JITOMATES CEREZA

Como si los jitomates cereza no fueran ya lo suficientemente pequeños, nuevas variedades están apareciendo en los mercados. Son más dulces y tienen menos pepitas amargas que los jitomates cereza normales. Crudos son el perfecto complemento para las ensaladas y, ligeramente cocinados (a que mantengan su forma original), dan un delicioso toque agridulce a los platillos salteados. Dos de las variedades más comunes de jitomates cereza son los llamados "Sweet 100s" y los jitomates "Grape".

PECHUGA DE POLLO CON CHAMPIÑONES
SALVAJES Y VINO MARSALA

Salpimiente las pechugas. Ponga la harina en un tazón. Pase el pollo por la harina y sacuda el exceso.

En una sartén para freír grande, caliente el aceite a fuego medio alto. Coloque las pechugas y cocine volteando una sola vez hasta que estén levemente doradas por ambos lados y ligeramente firmes cuando se presione en el centro, de 6-8 minutos. Pase a un plato y cubra para mantenerlas calientes.

En la misma sartén a fuego medio derrita la mantequilla. Agregue los champiñones frescos rebanados y cocine alrededor de 6 minutos, moviendo de vez en cuando, hasta que suelten su jugo y se evapore. Integre las echalotas y cocine hasta que estén tiernas aproximadamente 2 minutos. Incorpore los champiñones secos y el vino. Suba el fuego a medio alto y hierva por 30 segundos. Añada el caldo y vuelva a hervir.

Regrese el pollo a la sartén y cúbralo con la salsa. Reduzca el fuego y cocine a fuego lento durante 2 minutos hasta que la salsa espese. Sazone con sal y pimienta. Sirva caliente con el arroz.

RINDE 4 PORCIONES

MOLIENDO CHAMPIÑONES SECOS

Los hongos porcini (cetes) secos sazonados y rebanados empacados son necesarios en la despensa. En la mayoría de las recetas requieren ser rehidratados en agua caliente y luego mezclados, pero para un platillo rápido, aquí le damos un atajo: cepille cualquier arenilla que pudieran tener los hongos secos y rebanados, muela en un molino de especias o café e integre el polvo restante al platillo para dar un sabor terroso a champiñón. Si dispone de suficiente tiempo, rehidrate una pizca pequeña de acuerdo a las instrucciones del paquete e integre con los champiñones frescos.

4 pollos deshuesados sin piel aproximadamente 185 g (6 oz) cada uno ligeramente aplanado a un grueso uniforme (página 108)

Sal y pimienta recién molida

¼ taza (45 g/1½ oz) de harina de trigo

2 cucharadas de aceite vegetal

2 cucharadas de mantequilla sin sal

375 g (¾ lb) de hongos cremini o champiñones blancos, cepillados y rebanados

2 cucharadas de echalota finamente picada

1 cucharada de champiñones porcino secos (cepes) molidos (ver explicación a la izquierda)

½ taza (125 ml/4 fl oz) de vino Marsala seco

½ taza (125 ml/4 fl oz) de caldo de pollo

1½ taza (330 g/10½ oz) de arroz blanco, cocinado de acuerdo a las instrucciones del paquete.

POLLO CRUJIENTE CON SALSA AGRIDULCE

PARA LA SALSA:

¾ taza (235 g/7½ oz) de jalea o mermelada de chabacano

3 cucharadas de salsa de soya

3 cucharadas de salsa catsup

1½ cucharadita de salsa inglesa

4 mitades de pechugas sin piel y deshuesadas aproximadamente de 185 g (6 oz) cada una, aplanadas a un grosor uniforme (página 108)

Sal y pimienta recién molida

¼ taza (45 g/1½ oz) de harina de trigo

2 huevos

1⅓ taza (125 g/4 oz) de *Panko* japonés o pan molido

¼ taza (60 ml/2fl oz) de aceite vegetal

Para preparar la salsa, mezcle en un tazón la jalea de chabacano, salsa soya, catsup y salsa inglesa. Divida en 4 tazones individuales.

Sazone las pechugas con sal y pimienta. Extienda la harina en un plato, bata los huevos en un tazón no muy profundo y extienda el pan molido en otro plato. Pase las pechugas una por una por la harina, remoje en los huevos y cubra parejo con las migajas del pan molido. Reserve sobre una rejilla o charola para hornear.

En una sartén para freír grande caliente el aceite a fuego medio alto hasta que esté muy caliente pero no humeando. Añada las pechugas y reduzca el fuego a temperatura media. Cocine, volteando solo una vez, hasta que el pan molido se dore y las pechugas se sientan firmes al presionar el centro, aproximadamente 4 minutos de cada lado. Ajuste el calor conforme sea necesario para que el pan molido no se queme. Pase a una tabla para cortar.

Rebane cada pechuga a lo largo en tiras anchas. Deslice el cuchillo bajo estas tiras y regréselas a los platos individuales calientes. Sirva inmediatamente con la salsa.

RINDE 4 PORCIONES

MIGAJAS DE PAN MOLIDO
Para hacer migajas de pan crujientes, utilice pan Panko seco japonés. Estas migajas se venden en bolsas de celofán en tiendas o mercados de especialidades asiáticas Para prepararlas en casa, deje las rebanadas de pan rústico en charolas para hornear y colóquelas a 95ºC (200ºF) en el horno durante 1 hora hasta que sequen. Deje enfriar, rompa en trozos grandes y colóquelos en el procesador de alimentos para formar migajas muy finas. Almacene en el refrigerador, hasta por un mes, en bolsas de plástico con cierre hermético.

POLLO SALTIMBOCA

PROSCIUTTO
Las pechugas de pollo sustituyen la tradicional ternera usada en este rápido platillo italiano salteado, pero al añadir el prosciutto se hace agua la boca por lo que este platillo es prácticamente irresistible (saltimbocca significa "brinco hacia la boca"). En Italia hay dos lugares famosos por su prosciutto: la Provincia de Parma, cerca de Boloña, y la región noreste de Friuli. El renombrado jamón salado y curado al aire también se puede encontrar en otros lugares fuera de Italia, pero el prosciutto di Parma y el Friuli's prosciutto di San Daniele son ampliamente reconocidos como los más finos del país.

Sazone las pechugas con sal y pimienta. Extienda la harina en un plato y pase cada pechuga, cubriendo parejo y quitando el exceso. Reserve.

En una sartén para freír a temperatura media alta, derrita 1 cucharada de mantequilla junto con el aceite hasta que se caliente muy bien. Añada las pechugas y cocine, sin tapar, hasta que los laterales de abajo estén dorados, por 5-6 minutos. Voltee y continúe la cocción de 4 a 6 minutos más, hasta que se sientan firmes al presionar en el centro.

Reduzca el fuego a muy bajo. Espolvoree las pechugas uniformemente con la salvia picada fresca o seca. Cubra cada pechuga con una rebanada de prosciutto, divida después las rebanadas de queso uniformemente sobre las pechugas. Tape la sartén herméticamente y cocine hasta que el queso se derrita, aproximadamente 1½ minutos. Pase a un platón de servicio y recubra con el papel aluminio, teniendo cuidado que éste no toque el queso.

Aumente el fuego a alto. Cuando la sartén empiece a chisporrotear, añada el vino y desglase la sartén, raspando cualquier residuo que haya quedado en su base. Hierva hasta reducir a ¼ de taza (60 ml/2 fl oz) por 3 minutos. Retire del fuego y bata con 1 cucharada de la mantequilla restante.

Con una cuchara ponga la misma cantidad de salsa sobre cada pechuga, decore con la hoja de salvia. Sirva de inmediato.

RINDE 4 PORCIONES

4 mitades de pechugas de pollo (185 g/6 oz) deshuesadas y sin piel, aplanadas a un grosor uniforme (página 108)

Sal y Pimienta recién molida

⅓ taza (60 g/2 oz) de harina de trigo

2 cucharadas de mantequilla sin sal

1 cucharada de aceite de oliva extra-virgen

2 cucharaditas de salvia fresca o 1 cucharadita de salvia seca, más 4 hojas para decorar opcional

2 rebanadas grandes de prosciutto, no muy delgadas, cortadas al tamaño de las pechugas

125 g (¼ lb) de queso mozzarella fresco, en rebanadas delgadas, cortadas al tamaño de las pechugas

¾ taza (180 ml/6 fl oz) de vino seco como Pinot Grigio o Sauvignon Blanc

PASTA RÚSTICA CON SALCHICHA DE POLLO A LOS TRES QUESOS

2 cucharadas de aceite de oliva

1 cebolla amarilla o blanca picada

2 dientes de ajo picados

500 g (1 lb) de salchichas de pollo o pavo, sin envoltura

1 cucharadita de albahaca seca

1 cucharadita de orégano seco

¼ cucharadita de hojuelas de chile

1 lata (875 g/28 oz) de puré de jitomate, jitomates picados toscamente, reservando el puré

1 taza (250 ml/8 fl oz) de agua

Sal

500 g (1 lb) de penne u otro tipo de pasta tubular

tazas (500 g/1 lb) de queso riccotta

2 tazas (250 g/8 oz) de queso fontina o mozzarella rallado

½ taza (60 g/2 oz) de queso Parmesano rallado

En una olla para sopa u horno holandés, caliente el aceite sobre temperatura media. Añada la cebolla y cocine a dorar, aproximadamente 5 minutos. Agregue el ajo y mueva por 1 minuto. Integre las salchichas y cocine rompiéndolas con una cuchara a dejarlas del tamaño de un bocado, hasta que pierdan el color rosa, aproximadamente 6 minutos. Integre la albahaca, orégano y las hojuelas de chile. Añada los jitomates con su puré y el agua y deje hervir. Reduzca el fuego a medio bajo y deje sin tapar, moviendo ocasionalmente, hasta espesar, aproximadamente 30 minutos. Pruebe y rectifique la sazón.

Precaliente el horno a 180ºC (350ºF). Aceite ligeramente un refractario de 3 l (3 qt).

En una cacerola grande, ponga agua hasta ¾ de su capacidad y hierva. Agregue sal y añada la pasta, mezcle bien y cocine hasta casi al dente, aproximadamente 10-12 minutos. No sobre cueza. Escurra.

En un tazón grande, cubra la pasta con la salsa, queso riccotta y fontina. Vierta sobre el refractario y espolvoree con el Parmesano.

Hornee hasta que los quesos se derritan y las puntas de la pasta estén crujientes, aproximadamente 30 minutos. Retire del horno y deje reposar 5 minutos. Sirva caliente.

Servicio: Sirva con ensalada o con sus legumbres favoritas como el radicchio, arrúgala (rocket) y lechuga morada. Acompañe con una vinagreta al balsámico.

RINDE DE 6 A 8 PORCIONES

CORTADO RÁPIDO DE JITOMATES

Si la receta pide jitomates en lata, que necesitan ser picados, no es necesario sacar el procesador de alimentos o la tabla de picar y el cuchillo. La manera más sencilla y limpia para convertir los jitomates en cubos es con tijeras de cocina: utilice las tijeras para cortar los jitomates al tamaño necesario, dejando que las piezas caigan exactamente sobre la olla mientras trabaja.

CENAS CON AMIGOS

Cuando invita amigos a cenar, usted quiere un platillo especial. Aunque tome más tiempo para preparar que las cenas del fin de semana, las recetas de este capítulo son relativamente fáciles, dejando tiempo para disfrutar la compañía de los invitados. Estas recetas serán perfectas para una cena casual de domingo o para una fiesta elegante y sus invitados las recordaran como algo especial

SPANAKOPITA DE POLLO
Y ESPINACA

UTILIZANDO PASTA FILA

Spanakopita, es un sabroso platillo tradicional griego, relleno de espinaca y queso feta. Aquí se incluye pollo también. Fila, es la pasta de repostería con hojas delgadas como papel, que se puede obtener en la sección de congelados de tiendas de alimentos bien surtidas. Siga las instrucciones impresas en el paquete, para descongelar paulatinamente. Cuando utilice fila, trabaje rápido y mantenga siempre las hojas que no están en uso, cubiertas con una toalla de cocina ligeramente húmeda para prevenir que se resequen ó rompan.

En una olla, coloque las pechugas con agua ligeramente salada a cubrir. Ponga a hervir a temperatura alta, reduzca la temperatura a baja y tape, deje en este fuego bajo por aproximadamente 20 minutos. Retire del fuego y reserve cubierto por 1 hora. Deseche la piel y retire la carne de los huesos. Corte al tamaño de un bocado.

En una olla pequeña a fuego bajo, derrita la mantequilla junto con 2 cucharadas de aceite. Barnice un refractario de 23 por 33 cm (9 por 13 in) con la misma mezcla de mantequilla y aceite.

En una sartén antiadherente para freír, caliente las 2 cucharadas restantes de aceite a temperatura media. Añada las cebollas y cocine, moviendo ocasionalmente a dejarlas doradas, aproximadamente 5 minutos. Agregue el ajo y cocine moviendo por un minuto. Integre las espinacas y el eneldo a cocer, moviendo constantemente, hasta que se evapore la humedad, aproximadamente 2 minutos. Pase la mezcla a un tazón grande y deje enfriar ligeramente. Integre el pollo y el queso feta, después los huevos, ¼ de cucharadita de sal y ¼ de cucharadita de pimienta.

Precaliente el horno a 180ºC (350ºF). Apile las hojas de pasta fila en una superficie de trabajo y cubra con una toalla de cocina levemente húmeda. Barnice cada hoja con la mezcla de mantequilla y aceite e introduzca a que ajuste en el refractario preparado, permita que los excesos de la pasta caigan sobre las orillas. Repita con 5 hojas fila más. Distribuya el relleno de pollo por encima. Vuelva a barnizar cada hoja y cubra con 5 hojas de fila más. Termine con una hoja de fila sin barnizar. Regrese las hojas de fila que dejamos caer hacia adentro sobre las demás hojas. Barnice con el resto de la mezcla de mantequilla y aceite.

Horneé a dorar, aproximadamente de 50 a 60 minutos. Retire del horno y deje reposar por 10 minutos. Corte en cuadros y sirva caliente.

RINDE 12 PORCIONES

6 mitades de pechugas de pollo 375 g (¾ lb) cada una con piel y hueso

Sal y pimienta recién molida

¼ taza (60 g/2 oz) de mantequilla sin sal

4 cucharadas (60 ml/2 fl oz) de aceite de oliva

1 cebolla amarilla o blanca picada

2 dientes de ajo picados

2 paquetes (315 g/10 oz cada uno) de espinacas congeladas, descongeladas y escurridas a secar

1 cucharada de eneldo fresco finamente picado

250 g (½ lb) de queso feta desmoronado

4 huevos batidos

12 hojas de pasta fila cada una de 30 por 43 cm (12 por 17 in), descongeladas si estaban congeladas *(ver explicación a la izquierda).*

PAELLA DE POLLO Y CAMARONES

90 g (3 oz) de chorizo ahumado cortado en pedazos de 12 mm (½ in)

2 cucharadas de aceite de oliva

1 pollo de 2 kg (4 lb), cortado en piezas (página 108)

1 cebolla amarilla o blanca picada

1 pimiento morrón rojo (capsicum) sin semillas y picado

1 diente de ajo molido

1½ taza (330 g/10½ oz) arroz de grano mediano (ver Nota)

½ taza (125 ml/4 fl oz) de vino blanco seco

3½ tazas (875 ml/28 fl oz) de consomé de pollo, de preferencia hecho en casa (página 111)

Sal y pimienta recién molida

¼ cucharadita de hojuelas de chile

¼ cucharadita de hilos de azafrán

500 g (1 lb) de camarones pelados dejando intacta la cola, pero desvenados *(ver explicación a la derecha)*

1 taza (155 g/5 oz) de chícharos frescos o congelados, cocidos

En una sartén para freír grande con tapa hierva a fuego alto el chorizo con ½ taza de agua (125 ml/4 fl oz). Cocine destapado, hasta que el agua se evapore y el chorizo este chisporroteando, aproximadamente 5 minutos. Pase a un plato y reserve.

Añada una cucharada de aceite a la sartén y reduzca el fuego a medio alto. Añada el pollo en partes y cocine volteando una sola vez hasta que esté dorado por ambos lados, aproximadamente 10 minutos en total. Regrese todo el pollo a la sartén (estará muy llena), cubra y reduzca el fuego a mediano, deje cocinar en su propio jugo por 10 minutos. Pase el pollo con su jugo a un plato y reserve.

Vierta la última cucharada de aceite a la sartén y caliente a temperatura media. Añada la cebolla, pimiento y ajos y cocine hasta que la cebolla esté suave, aproximadamente 5 minutos. Agregue el arroz y mezcle bien. Vierta el vino y deje hervir. Incorpore el chorizo reservado con el caldo, ½ cucharadita de sal, las hojuelas de chile y el azafrán. Deje hervir y retire del fuego.

Precaliente el horno a 180ºC (350ºF). Pase la mezcla de arroz a un refractario poco profundo con capacidad de 4 l (4 qt). Acomode el pollo sobre el arroz y cubra con los jugos. Tape con papel aluminio. Hornee hasta que el arroz haya absorbido casi todo el líquido, aproximadamente 25 minutos. Destape y esparza los camarones y chícharos sobre el arroz. Recubra y hornee hasta que los camarones estén rosados, por aproximadamente 10 minutos más. Permita que la paella repose cubierta por 5 minutos. Pruebe y rectifique la sazón con sal y pimienta antes de servir.

Nota: Para este platillo use si es posible arroz español. El arroz español de grano mediano (en España llamado de grano corto), cosechado en Valencia y su vecina Murcia, en el sureste de España, añade el auténtico sabor así como el almidón necesario que requiere cualquier paella. Si no puede encontrar arroz español, sustituya con el Arborio italiano.

RINDE DE 4 A 6 PORCIONES

DESVENANDO CAMARONES

El quitar la línea intestinal, parecida a una vena oscura, que se encuentra en el lomo de los camarones es cosa de estética ya que dejarla no le haría daño. Muchos mercados ahora venden camarones pelados sin el intestino. Para pelarlos primero debe quitar todo el caparazón empezando por las pequeñas patas de abajo, jalando cuidadosamente y desechando. Después recorra cortando con un cuchillo pequeño el lomo hasta que sobresalga el intestino. Levante con la punta del cuchillo y enjuague sobre agua fría.

ROULADES DE POLLO Y ALBAHACA EN SALSA DE MOSTAZA

Para preparar la salsa, en un tazón pequeño vierta ½ taza de yogurt, 1 cucharada de mostaza y el cebollín. Deje reposar a temperatura ambiente, mientras las pechugas se hornean.

Precaliente el horno a 200ºC (400ºF). Barnice ligeramente una charola para hornear (de preferencia antiadherente) con un poco de mantequilla derretida.

Espolvoree 1½ cucharadita de albahaca en el centro de cada pechuga y salpimente. Doble las puntas más o menos 12 mm (½ in). Empiece con la parte más larga, enrolle la pechuga con la albahaca hacia adentro. Repita con el resto de las pechugas.

En un tazón poco profundo, integre ⅓ de taza de yogurt y una cucharadita de mostaza. En un refractario poco profundo, integre el pan molido y el queso. Pase cada pechuga por la mezcla de yogurt y después por el pan molido. Coloque en la charola preparada y rocíe con el resto de la mantequilla derretida.

Hornee a que la cubierta esté dorada y el pollo no tenga color rosado cuando se corte en el centro, aproximadamente 30 minutos. Sirva caliente acompañado con una cucharada de salsa.

RINDE 4 PORCIONES

PAN MOLIDO FRESCO
Elaborar pan molido fresco es rápido y fácil. Use rebanadas de cualquier pan firme con textura. El pan de un día o dos es perfecto. Si las rebanadas son frescas, déjelas descubiertas toda la noche a que sequen. Rompa las rebanadas en pedazos grandes, no se moleste en quitar las orillas y procese en tandas en el procesador de alimentos o en la licuadora a lograr la textura deseada, desde tosca hasta mediana o fina.

PARA LA SALSA:

½ **taza (125 g/4 oz) de yogurt natural bajo en grasa**

1 **cucharada de mostaza tipo Dijon**

2 **cucharaditas de cebollín fresco picado**

2 **cucharadas de mantequilla sin sal, derretida**

2 **cucharadas de albahaca fresca, picada**

4 **mitades de pechuga de pollo (185 g/6 oz) deshuesadas y sin piel, aplanadas a un grosor uniforme (página 108)**

Sal y Pimienta recién molida

⅓ **taza (90 g/3 oz) de yogurt natural bajo en grasa**

1 **cucharadita de mostaza Dijon**

1 **taza (60 g/2 oz) de pan molido fresco** *(ver explicación a la izquierda)*

½ **taza (60 g/2 oz) de queso parmesano o pecorino romano rallado**

POLLO ESTILO TANDOORI

1 pollo de 2 kg (4 lb) enjuagado y seco, cortado en piezas (página 108)

2 cucharadas de jugo de limón

PARA LA MARINADA:

1½ taza (375 g/12 oz) de yogurt bajo en calorías

1 cebolla blanca o amarilla pequeña picada

2 dientes de ajo picados

1 cucharada de jengibre fresco pelado y rallado

2 cucharaditas de cilantro molido

2 cucharaditas de comino molido

1 cucharadita de páprika húngara dulce o picante

¼ cucharadita de cúrcuma, cardamomo y canela molidas

⅛ cucharadita de pimienta de cayena

2 cucharadas de aceite de colza o aceite vegetal

1½ taza (330 g/10½ oz) de arroz "basmati" cocinado de acuerdo a las instrucciones del paquete

Retire la piel de todas las piezas excepto de las alas. Acomódelas en un plato para hornear de 23 x 33 cm (9 x 13 in) y barnícelas con el jugo del limón.

Para preparar la marinada combine en una licuadora o procesador de alimentos, el yogurt, cebolla, ajo, jengibre, cilantro, comino, páprika, cúrcuma, cardamomo, canela y pimienta de cayena. Licúe hasta que esté completamente integrado. Vacíe la marinada encima del pollo y mueva las piezas hasta que estén completamente cubiertas. Cubra con plástico adherente y refrigere, volteando las piezas ocasionalmente, por lo menos ocho horas o toda la noche.

Precaliente el horno a 260° C (500°F). Seleccione un refractario lo suficientemente grande como para acomodar las piezas en una sola capa y forre con papel aluminio.

Pase el pollo junto con la marinada adherida al refractario preparado. Salpíquelo con aceite. Ase hasta que no se vea rosado cuando las partes más gruesas sean cortadas cerca del hueso y que el termómetro insertado en ellas registre una temperatura de 77°C (170°F) aproximadamente 30 minutos. Sirva caliente con arroz basmati.

RINDE 4 PORCIONES

MOLIENDO LAS ESPECIAS
Utilizar especias recién molidas en la marinada es la clave para el buen sabor de esta receta de Tandoori, platillo tradicional de la India, cocinado a altas temperaturas en un horno de barro. Las especias recién molidas tienen un pronunciado sabor en comparación a las ya procesadas. El mortero ha sido utilizado por siglos para llevar a cabo esta tarea, pero también puede usarse un molinillo de café exclusivo para éste propósito. Para eliminar del molinillo el sabor a especia o hierba, muela un poco de azúcar, ésta recogerá los aceites y aromas.

SPAGHETTI CON POLLO EN SALSA BOLOGNESA

COCINANDO LA PASTA
Para garantizar una pasta perfecta, utilice siempre suficiente agua para hervir, por lo menos 5 l (5 qt) por cada 500 g (1 lb) de pasta. Si usa muy poca agua la pasta se pegará durante la cocción. Deje que el agua llegue a hervor fuerte y agregue 2 cucharaditas de sal y la pasta, mezcle bien. Hierva dando vueltas ocasionalmente para prevenir que se pegue, hasta que quede al dente: la pasta debe todavía estar ligeramente dura al morder. El tiempo de cocción varía según la forma, tamaño, si es fresca o seca. Escurra inmediatamente para evitar el sobre cocimiento.

En una cacerola grande, caliente el aceite a temperatura media alta. Agregue la cebolla, zanahoria y perejil y saltee, sin cubrir, hasta suavizar, aproximadamente 5 minutos. Añada el ajo y cocine moviendo por un minuto.

Integre el pollo y cocine presionando con el lado de la cuchara hasta que pierda su color rosado, aproximadamente 5 minutos. Agregue el vermouth y suba el fuego al máximo y cocine moviendo ocasionalmente hasta que casi se evapore, aproximadamente 5 minutos.

Mezcle los jitomates con su puré, el caldo de pollo y el perejil a hervir. Reduzca el fuego sin tapar, hasta que espese, aproximadamente 45 minutos. Durante los últimos 5 minutos agregue y revuelva la crema y albahaca. Sazone con sal y pimienta.

Mientras tanto cocine el spaghetti al dente y cuele.

Cubra la pasta con la salsa y sirva inmediatamente, decorando con el queso.

Consejo para los sobrantes: Para poder repetir este mismo platillo en otra ocasión, duplique la receta de la salsa (necesitará hervirla a fuego lento por 30 minutos adicionales para así reducirla a la consistencia deseada), separe la mitad y enfríela para después congelarla en un recipiente al vacío hasta por 2 meses.

RINDE DE 4 A 6 PORCIONES

2 cucharadas de aceite de oliva

1 cebolla blanca o amarilla picada

1 zanahoria pelada y picada

1 tallo de apio con hojas picado

1 diente de ajo machacado

500 g (1 lb) pollo molido

½ taza (125 ml/4fl oz) vermouth seco o vino blanco seco

1 lata (875 g/28 oz) de jitomates triturados en puré

1 taza (250 ml/8 fl oz) de caldo de pollo

1 cucharada de perejil italiano fresco picado

¼ taza (60 ml/2 fl oz) crema espesa

3 cucharadas de albahaca fresca picada

Sal y pimienta recién molida

500 g (1 lb) spaghetti

Queso parmesano recién rallado para decorar

POLLO ASADO EN SALMUERA
CON SALSA DE VINO

1 taza (250 g/8 oz) sal kosher o de mar o ½ taza (125 g/4 oz) sal yodatada o simple

1 l (1 qt) agua caliente y 3 l (3 qt) agua fría

1 pollo para rostizar de 3.25 kg (6½ lb), reservando las vísceras para otro uso

2 cucharadas de mantequilla sin sal a temperatura ambiente

Pimienta recién molida

4 ramitas de tomillo fresco

4 ramitas de romero fresco

1 cebolla amarilla o blanca chica picada

1 zanahoria pequeña picada

1 tallo de apio pequeño picado

PARA LA SALSA DE VINO:

½ taza (125 ml/4 fl oz) de vino blanco seco, como el Sauvignon Blanc

1 taza (250 ml/8 fl oz) de caldo de pollo

1 cucharada de mantequilla sin sal fría

Sal y pimienta recién molida

En un recipiente de plástico o de acero inoxidable suficientemente grande para el pollo, agregue y disuelva la sal en agua caliente. Vierta el agua fría y mezcle. Enjuague el pollo y sumérjalo en la salmuera. Cubra y refrigere de 1 a 4 horas. Entre más tiempo mejor.

Precaliente el horno a 200°C (400°F). Retire el pollo de la salmuera y séquelo con toallas de papel. Unte la mantequilla y sazone con pimienta por dentro y por fuera. Introduzca las hierbas en la cavidad del pollo.

Coloque el pollo de lado en la parrilla en forma de V en un sartén para asar. Ase por 30 minutos. Voltee por el otro lado y ase otros 30 minutos más. Voltee el pollo sobre su espalda e introduzca la cebolla, zanahoria y apio en la cavidad. Ase hasta que el termómetro insertado en la parte más gruesa del muslo registre una temperatura de 77°C (170°F) aproximadamente 45 minutos más. Vierta los jugos de la cavidad a una sartén y pase el pollo a un platón caliente. Déjelo reposar cubriéndolo con papel aluminio, de 10 a 15 minutos.

Mientras tanto, prepare la salsa de vino. Cuele los jugos a un tazón retirando cualquier grasa visible de la superficie. Vierta a la sartén para asar. Coloque la sartén sobre 2 hornillas a fuego medio. Agregue el vino y deje hervir hasta reducirlo a la mitad, aproximadamente 1 minuto. Vierta el caldo de pollo y hierva por aproximadamente 6 minutos, hasta que el líquido se reduzca a ½ taza (125 ml/4 fl oz). Retire del fuego y mezcle rápidamente con la mantequilla fría. Sazone con sal y pimienta. Vierta la salsa en la salsera.

Trinche el pollo y sírvalo caliente con la salsa de vino.

Para servir: Acompañe con vegetales mixtos asados tales como papas, zanahorias y cebollas.

RINDE DE 6 A 8 PORCIONES

SALMUERA

El utilizar la técnica de la salmuera en aves y carnes antes de asar es una antigua técnica que agrega humedad y realza el sabor. A pesar de lo salado de la salmuera, el resultado no es una ave salada sino jugosa y con mucho más sabor. El tiempo óptimo de remojo en la salmuera para un ave grande es de aproximadamente 4 horas pero aún en un período más corto la salmuera incrementará su sabor.

COMIDAS DE UN SOLO PLATILLO

Para muchas personas el proverbio "pollo en cada olla" continúa siendo una imagen de abundancia doméstica—un banquete en tiempos prósperos. Cada una de las recetas en este capítulo es una comida completa en un tazón que únicamente requiere una cama de arroz, polenta o pasta para completar el menú. Estas recetas también prometen economía de trabajo; ofrece muchas porciones y un mínimo de lavado de platos al final, puesto que todo se sirve en un tazón.

MINESTRONE CON ALBÓNDIGAS DE POLLO

Pique la cebolla, rebane las zanahorias y el apio en rodajas de 12 mm (½ in) de grosor.

En una olla sopera u horno holandés, caliente el aceite a fuego medio. Agregue las cebollas, zanahorias y apio y cocine sin cubrir revolviendo constantemente hasta suavizar, aproximadamente 7 minutos. Añada el ajo y cocine por un minuto. Incorpore la col rizada y cocine hasta que se marchite, aproximadamente 2 minutos. Integre el vino y jitomate y deje hervir. Vierta el caldo de pollo, 2 tazas (500 ml/16 fl oz) de agua, y la hoja de laurel y vuelva a hervir. Baje el fuego a medio y cubra parcialmente a hervir lentamente hasta que esté bien sazonado, aproximadamente 1 hora. Durante los últimos 10 minutos escurra las alubias, enjuague con agua fría y vuelva a escurrir, coloque de nuevo en la olla junto con la albahaca. Sazone con sal y hojuelas de chile piquín. Retire la hoja de laurel.

Mientras tanto, en un tazón, combine el pollo, la mitad del queso, el pan molido, huevo, ½ cucharadita de sal y ¼ de cucharadita de pimienta negra. Aumente el calor de la sopa a fuego medio y deje que suelte el hervor. Deje caer cucharadas copeteadas de la mezcla del pollo a la sopa. Su textura se hará firme al contacto con el líquido caliente. Cubra y cocine hasta que las albóndigas estén completamente cocidas, aproximadamente 12 minutos. Pruébelas y ajuste la sazón con sal y pimienta negra. Sirva en tazones individuales. Coloque el resto del queso parmesano en la mesa.

RINDE 8 PORCIONES

QUESO PARA GRATINAR
Una espolvoreada de queso recién rallado agrega un delicioso sabor a muchos platillos. Un queso parmesano añejo y con sabor a nuez es uno de los mejores para gratinar, pero no es la única opción. El "Pecorino Romano", un queso fuerte de leche de cabra es otra buena alternativa; o pruebe un queso más suave de leche de vaca como el "Asiago" o el "Jack" seco. Cuando esté rallando utilice un rallador rotativo o el tradicional por su lado con orificios más pequeños para reducir el queso a diminutas partículas y asegurar que se incorpore perfectamente con el platillo.

1 cebolla morada

2 zanahorias peladas

2 tallos de apio

2 cucharadas de aceite de oliva

2 dientes de ajo picados

3 tazas (185 g/6 oz) hojas de col rizada (Kale) picadas

1 taza (250 ml/8 fl oz) vino tinto seco

1 jitomate grande sin semillas y picado en pedazos de 2.5 cm (1 in)

4 tazas (1 l/32 fl oz) de caldo de pollo (página 111)

1 hoja de laurel

1 lata (590 g/19 oz) cannellini o alubias blancas

¼ taza (10 g/⅓ oz) albahaca fresca picada

Sal y pimienta negra

hojuelas de chile piquín

500 g (1 lb) pollo molido

⅔ taza (75 g/2½ oz) queso parmesano rallado

¼ taza (30 g/1 oz) pan molido (página 31

1 huevo batido

CHILI DE POLLO, MAÍZ Y CILANTRO

4 cucharadas (60 ml/2 fl oz) aceite de oliva

12 muslos de pollo con hueso y piel

Sal y pimienta

2 cebollas amarillas o blancas picadas

2 pimientos rojos (capsicums) con semillas y picados

1 o 2 chiles jalapeños sin semilla y picados finamente

2 dientes de ajo picados finamente

1 cucharadita de orégano seco

1 cucharadita de comino molido

2 tazas (500 ml/16 fl oz) de caldo de pollo (página 111)

1 taza (250 ml/8 fl oz) de cerveza clara

1 cucharada de puré de tomate espeso

¼ taza (45 g/1½ oz) de harina de maíz amarilla (yellow cornmeal)

1 lata (590 g/19 oz) de maíz cacahuazintle limpio y colado (hominy)

½ taza (20 g/¾ oz) de cilantro fresco picado

2 tazas (315 g/10 oz) de polenta instantánea cocinada de acuerdo a las instrucciones del paquete

En una olla grande u horno holandés, caliente 2 cucharadas de aceite a temperatura media alta. Sazone el pollo con sal y pimienta. Coloque las piezas y cocine en tandas, volteándolas ocasionalmente hasta que se doren, aproximadamente 8 minutos. Pase a un platón y reserve.

Quite la grasa de la olla. Regrese la olla a la hornilla a fuego medio y caliente las 2 cucharadas de aceite sobrantes. Agregue las cebollas, los pimientos y chiles, y cocine sin tapar, moviendo constantemente hasta que suavicen, aproximadamente 5 minutos. Añada el ajo, orégano y comino y cocine moviendo aproximadamente 1 minuto. Integre el caldo de pollo, cerveza y puré de tomate. Regrese el pollo a la olla. Suba el calor a fuego alto y deje hervir. Reduzca el calor, cubra y cocine hasta que no tenga color rosado cuando las partes más gruesas sean cortadas cerca del hueso, aproximadamente 30 minutos.

Usando las pinzas saque de la olla y déjelo enfriar ligeramente. Quite la piel y desprenda la carne del hueso. Córtela en pedazos pequeños y regréselos a la olla. En un tazón pequeño mezcle ½ taza (125 ml/4 fl oz) del caldo con la harina de maíz; revuelva en la olla junto con el maíz cacahuazintle y cilantro. Cocine a fuego lento hasta que el chili se espese, aproximadamente 10 minutos. Pruebe y ajuste la sazón con sal y pimienta.

Con una cuchara sirva la polenta caliente en tazones individuales calientes y cubra con el chili.

Para servir: Disponga de tazones con los condimentos tradicionales del chili, tales como la crema agria, queso cheddar rallado, cebollas de cambray picadas, aceitunas rebanadas para que los comensales se sirvan al gusto.

RINDE 6 A 8 PORCIONES

MAIZ "HOMINY" O CACAHUAZINTLE

Un alimento que se utiliza en la cocina americana sureña. El maíz puede ser blanco o amarillo sin la cáscara o germen. Esto se adquiere remojando los granos de elote en agua de cal que también le dan firmeza y un color brillante. Cuando no se muelen finamente los granos se tornan arenosos. Aunque el maíz se vende seco así como listo para cocinarse, la versión en lata es más conveniente y accesible. Si desea, sustituya 2 tazas (375 g/12 oz) de elote fresco o congelado.

POLLO A LOS TRES PIMIENTOS

Quite las semillas a los chiles morrones y córtelos en tiras largas y angostas. Parta la cebolla a la mitad y rebánela en medias lunas delgadas. Pique finamente el ajo. Reserve.

En una olla grande u horno holandés, caliente el aceite a fuego medio alto. Agregue el pollo por tandas y cocínelo sin cubrir volteándolo ocasionalmente hasta dorarlo por todos lados, aproximadamente 8 minutos. Transfiera el pollo a un platón y sazone con sal, pimienta y una cucharada de páprika.

Quite todo el aceite menos 2 cucharadas de esta grasa de la olla y regrésela a fuego medio. Agregue los chiles morrones, cebolla y ajo. Cubra y cocine dando vueltas ocasionalmente hasta que las verduras se hayan suavizado, aproximadamente 10 minutos. Integre la cucharada de páprika sobrante y la mezcla del puré de jitomate. Regrese el pollo a la olla, colocando la carne obscura mezclada con las verduras y las pechugas encima de esto.

Reduzca el calor a fuego medio bajo, cubra y cocine hasta que el pollo no tenga color rosado cuando las partes más gruesas sean cortadas cerca del hueso, aproximadamente 30 minutos. Coloque en un platón y manténgalo caliente.

Retire la grasa de la superficie. Ponga la crema agria en un tazón pequeño, añada la fécula de maíz y mezcle hasta disolver. Combine dentro de la olla y cocine a fuego lento. Rectifique la sazón y ajuste si lo necesita con sal y pimienta. Vacíe las verduras y salsa sobre el pollo y sirva inmediatamente con los tallarines calientes.

Decorado: Si lo desea, cubra cada porción con 2 aros delgados de pimiento verde (capsicum).

RINDE 4 PORCIONES

1 pimiento morrón rojo (capsicum)

1 pimiento morrón amarillo (capsicum)

1 pimiento morrón verde o Cubanelle (capsicum)

1 cebolla amarilla o blanca grande

2 dientes de ajo

2 cucharadas de aceite de colza o aceite vegetal

1 pollo de 2 k (4 lb) cortado en piezas (página 108)

Sal y pimienta recién molida

2 cucharadas de páprika dulce húngara

1 cucharada de puré de tomate espeso mezclada con ½ taza (125 ml/4 fl oz) de agua

½ taza (125 g/4 oz) crema agria

2 cucharaditas de fécula de maíz (maizena)

375 g (¾ lb) tallarín de huevo cocinados de acuerdo a las instrucciones del paquete

CURRY DE POLLO AL CACAHUATE

2 a 3 cucharadas de aceite de colza o aceite vegetal

8 muslos de pollo sin piel y sin hueso

Sal y pimienta recién molida

2 zanahorias rebanadas de 12 mm (½ in) de grosor

2 tallos de apio rebanados de 12 mm (½ in) de grosor

2 echalotas picadas (aprox. ½ taza/60g/2 oz)

2 cucharadas de jengibre fresco pelado y rallado

2 dientes de ajo picados finamente

2 cucharadas de polvo de curry Madras

3 tazas (750 ml/24 fl oz) caldo de pollo preferentemente hecho en casa (página 111)

½ taza (155g/5 oz) mantequilla de cacahuate suave

1 taza (250 ml/8 fl oz) leche de coco

2 cucharadas de fécula de maíz (maizena)

1½ taza (330 g/10½ oz) arroz blanco de grano mediano cocinado según instrucciones del paquete

Chícharo chino frito para decorar *(vea explicación a la derecha)* opcional

En una olla grande u horno holandés, caliente 2 cucharadas de aceite a fuego medio alto. Coloque los muslos uno a uno, sin encimar y cocínelos por partes sin cubrir, volteándolos una sola vez hasta que estén ligeramente dorados por ambas lados, aproximadamente 6 minutos. Cambie el pollo a un plato y sazone con sal y pimienta.

Agregue más aceite a la olla si se necesita. Añada las zanahorias y apio cocinando sin tapar revolviendo ocasionalmente hasta que estén suaves, aproximadamente 5 minutos. Integre las echalotas, jengibre y ajo, cocine revolviendo hasta que las echalotas se suavicen, aproximadamente 1 minuto. Agregue el polvo del curry dando vueltas por 15 segundos e integre el caldo de pollo.

Regrese el pollo a la olla y añada agua si fuera necesario para apenas cubrirlo. Suba a fuego alto y deje hervir. Baje a fuego lento y cocine sin cubrir hasta que el pollo no tenga partes rosadas cuando se corte en las partes más gruesas, aproximadamente 35 minutos. Incorpore la mantequilla de cacahuate.

Ponga la leche de coco en un tazón pequeño, agregue la fécula de maíz y mezcle hasta disolver. Intégrelo a la olla y deje que hierva a fuego lento.

Para servir, agregue el curry con una cuchara sobre el arroz y decore la superficie con los chícharos chinos si lo desea.

Decorado: Pique cacahuates, cilantro fresco o coco rallado seco para adornar el curry.

RINDE 4 PORCIONES

CHICHAROS CHINOS O NIEVE

Los chícharos chinos crujientes (mangetouts) son un adorno contrastante para este cremoso curry. Justo antes que esté listo, caliente una cucharada de aceite vegetal en una sartén para freír sobre fuego alto. Agregue 125 g (½ lb) de chícharos chinos recortados y revuelva aproximadamente 1 minuto. Añada 2 cucharadas de agua y continúe friéndolos hasta que queden suaves pero crujientes, aproximadamente 1 minuto. Sazone con sal y pimienta recién molida.

BOUILLABAISSE DE POLLO

En una olla grande u horno holandés, caliente el aceite a fuego medio alto. Agregue el pollo por partes y cocine sin cubrir volteándolo ocasionalmente a dorarlo por todas partes, aproximadamente 8 minutos. Cambie el pollo a un plato y sazónelo con sal y pimienta negra.

Quite todo el aceite menos 2 cucharadas de esta grasa de la olla. Regrésela a fuego medio y agregue la cebolla y el hinojo y cocine revolviendo ocasionalmente hasta suavizar, aproximadamente 5 minutos. Añada el ajo, las hierbas, las hojuelas de chile y cocine revolviendo aproximadamente 1 minuto. Vierta el vino y cocine por aproximadamente 1 minuto. Integre las papas, los jitomates con su jugo y el caldo de pollo. Regrese el pollo a la olla y vierta agua suficiente para cubrir 12 mm (½ in). Suba a fuego alto a hervir.

Baje a fuego medio y cubra. Hierva a fucgo lento hasta que el pollo no muestre color rosado cuando las partes más gruesas sean cortadas cerca del hueso, aproximadamente 40 minutos. Usando una cuchara ranurada, pase el pollo y las verduras a una sopera para servir o a tazones individuales y cubra para mantener caliente.

Retire la grasa de la superficie del caldo. Revuelva el azafrán y sazone con sal y pimienta negra. Hierva a fuego lento aproximadamente 5 minutos. Vierta sobre el pollo y las verduras y espolvoree con el queso si así lo desea. Sirva inmediatamente llevando el rouille a la mesa para que los comensales se sirvan al gusto.

Nota: El rouille (vea explicación a la izquierda) acompaña tradicionalmente el clásico estofado de pescado francés bouillabaisse, y también es delicioso con esta versión de pollo. Este rouille contiene huevo crudo. Para mayor información pase a la página 113.

Para servir: Sirva con rebanadas de pan baguette tostadas.

RINDE 4 PORCIONES

ROUILLE PICANTE
Para hacer el rouille, mezcle ¾ taza (180 ml/6 fl oz) de aceite vegetal y ¾ de taza (180 ml/6 fl oz) de aceite de oliva en una taza para medir. En la licuadora mezcle 1 huevo a temperatura ambiente, 1 cucharada de jugo de limón fresco, 1 cucharadita de mostaza de Dijon y 2 dientes de ajo prensados. Mientras la licuadora esté funcionando, vacíe el aceite suavemente licuando hasta emulsificar y espesar. Agregue ¼ de cucharadita de sal y ¼ de cucharadita de pimienta de cayena.

2 cucharadas de aceite de oliva

1 pollo de 2 kg (4 lb) lavado, secado y cortado en piezas (página 108)

Sal y pimienta negra recién molida

1 cebolla amarilla o blanca grande picada

½ bulbo pequeño de hinojo sin corazón y picado

2 dientes de ajo picados finamente

2 cucharadas de hierbas de Provence

¼ cucharadita de hojuelas de chile

1 taza (250 ml/8 fl oz) de vino blanco seco

6 papas rojas con cáscara cortadas en rodajas de 12 mm (½ in) de grosor

1 lata de 875 g (28 oz) de jitomate picado en cubos con jugo

2 tazas (500 ml/16 fl oz) caldo de pollo de preferencia hecho en casa (página 111)

½ cucharadita azafrán

Queso gruyère rallado para adornar (opcional)

Rouille picante para servir (opcional) *(ver explicación a la izquierda)*

GUMBO DE POLLO Y ANDOUILLE

½ taza (75 g/2½ oz) harina de trigo

2 cucharadas de aceite vegetal

1 pollo (2 kg/4 lb) cortado en piezas (página 108)

1 cebolla amarilla o blanca grande picada

1 pimiento verde picado (capsicum)

2 tallos de apio picados

3 cebollas de cambray, incluidos los tallos verdes suaves, picados

2 dientes de ajo picados finamente

500 g (1 lb) salchicha o andouille ahumada y picante, cortada en pedazos de 12 mm (½ in)

2 cucharadas de sazonador Cajun (página 113)

1½ taza (375 ml/12 fl oz) caldo de pollo, de preferencia hecho en casa (página 111)

1 lata (875 g/28 oz) de jitomates cortados en cubitos con su jugo

2.5 l (2½ qt) de agua

250 g (½ lb) de quimbombó u okra cortada en rodajas de 12 mm (½ in)

Sal

En una olla sopera grande y seca, sobre fuego medio, tueste la harina moviendo constantemente hasta que cambie a un color café claro, aproximadamente 5 minutos. Pase a un plato y reserve. Limpie la olla para quitar cualquier resto de la harina.

En la misma olla, caliente el aceite a fuego medio alto. Agregue el pollo por piezas en partes y cocine sin cubrir, volteándolo ocasionalmente, hasta que estén cafés por todos lados, aproximadamente 10 minutos. Pase a un plato y reserve.

Vacíe toda la grasa, menos 3 cucharadas a la olla y devuelva a fuego medio alto. Agregue la cebolla, pimiento, apio, cebollas con rabo y ajo, cocine, revolviendo constantemente, hasta que suavice, aproximadamente 5 minutos. Integre la salchicha y cocine hasta que esté totalmente caliente, aproximadamente 5 minutos. Agregue la harina tostada y el sazonador Cajun. Añada el caldo de pollo, los jitomates con su jugo y el agua y revuelva. Regrese el pollo a la olla. Suba el fuego a alto y deje hervir. Reduzca a fuego bajo y hierva suavemente, sin cubrir, hasta que no tenga partes rosadas cuando se corte cerca del hueso, aproximadamente 30 minutos. Durante los últimos 15 minutos agregue el quimbombó u okra. Sazone con sal.

Retire de la olla y déjelo enfriar ligeramente. Quite la piel y los huesos. Corte la carne pedazos del tamaño de un bocado y regréselos a la olla. Retire cualquier grasa visible en la superficie del gumbo.

Vierta con cucharón a tazones individuales. Sirva caliente.

Servicio: Cocine 2 tazas (440 g/14 oz) de arroz blanco de grano largo de acuerdo a las instrucciones del paquete y agregue una cucharada de arroz a cada tazón al servir. Un acompañante ideal para este platillo picante es una cerveza bien fría.

RINDE DE 8 A 10 PORCIONES

QUINGOMBÓ U OKRA

También conocido como dedos de dama, el quingombó es una vaina verde, delgada y con extremos puntiagudos. El quingombó viajó al Nuevo Mundo en barcos de esclavos y rápidamente se convirtió en un importante ingrediente en el gumbo, ahora un plato clásico sureño de Estados Unidos que adquiere su nombre de una palabra Bantu para la verdura. Mientras se cocina, los jugos del quingombó ayudan al gumbo a que espese. Si no le agrada el sabor del quingombó, sustituya por ejotes y después de quitarlo del fuego agregue 1–2 cucharadas de polvo filé (hojas de sassafras molidas) para que espese.

A LA PARRILLA

Muy conocido por su versatilidad el pollo, ya sea sumergido en marinada, untado con especias o barnizado con salsa, es uno de los mejores platillos para el asador. No hay mayor placer que el ver el humo y escuchar su chisporroteo al cocinarse sobre el carbón. En cada receta que presentamos a continuación incluimos instrucciones tanto para asadores de gas como manuales de carbón. Busque más consejos sobre cómo asar, en la página 109 en el capítulo de "Temas Básicos".

PECHUGAS DE POLLO CON CHILE Y SALSA DE MANGO Y MENTA

En un tazón grande, coloque las pechugas de pollo con el aceite a que se cubran bien. En un tazón pequeño mezcle el chile en polvo, orégano, sal, ajo en polvo y cebolla en polvo. Espolvoree sobre los 2 lados del pollo. Cubra y refrigere por 30 minutos.

Para preparar la salsa, combine en un tazón los mangos, yerbabuena, echalota, chile, jugo de limón y ralladura de limón. Cubra y refrigere por lo menos 1 hora antes de servir.

Encienda el carbón en un asador exterior, tape y déjelo quemar hasta que esté cubierto de ceniza blanca. Acomode el carbón apilado en el centro del asador; no lo extienda. Para un asador de gas, precaliente a fuego alto y después reduzca el fuego a medio.

Engrase ligeramente la parrilla. Para el asador de carbón, coloque las pechugas directamente sobre el carbón. Ase, volteando solamente una vez, hasta sellar por los 2 lados, aproximadamente 4 minutos en total. Colóquelas en el perímetro de la parrilla, que no queden directamente sobre el carbón. Cubra el asador y cocine hasta que las pechugas se sientan firmes cuando son presionadas en el centro, aproximadamente 10 minutos. Para asador de gas, cubra y cocine a fuego medio, volteando solamente una vez, aproximadamente 15 minutos en total.

Sirva acompañando con la salsa.

RINDE 6 PORCIONES

PICANDO MANGO EN CUADROS
Corte longitudinalmente en una sola pieza a lo largo del hueso central. Repita el otro lado. Coloque cada pieza con la carne hacia arriba. Con la punta de un cuchillo corte la carne del mango a lo largo en intervalos de 12 mm (½ in) cortando con cuidado hasta la cáscara sin cortar ésta. Luego corte a lo ancho también en intervalos de 12 mm (½ in), teniendo cuidado de no cortar la cáscara. Invierta la pieza, presione en el centro y empuje los cubos hacia afuera y luego despréndalos de la cáscara.

6 mitades de pechugas de pollo (185 g/6 oz) deshuesadas y sin piel, aplanadas a un grosor uniforme (página 108)

1 cucharada aceite de oliva

1 cucharada chile en polvo

1 cucharadita orégano seco

½ cucharadita sal

¼ cucharadita ajo en polvo

¼ cucharadita de cebolla en polvo

PARA LA SALSA:

2 mangos sin hueso pelados y cortados en cubos pequeños de 12 mm (½ in) *(ver explicación a la izquierda)*

1 cucharada de yerbabuena o menta fresca picada

1 cucharada de echalota picada finamente

2 cucharaditas chile jalapeño sin semillas y picado finamente

2 cucharadas de jugo de limón fresco

Ralladura de 1 limón

POLLO TAILANDÉS CON
TÉ LIMÓN, AJO Y CHILES

½ taza (60 g/2 oz) de té limón picado finamente, solamente la parte suave de abajo *(ver explicación a la derecha)*

3 cucharadas jengibre fresco, pelado y rallado

3 cucharadas salsa de pescado Asiática

3 cucharadas jugo de limón fresco

3 dientes de ajo

½ cucharadita hojuelas de chile

ralladura de cáscara de limón

2 a 3 cucharadas agua

4 pechugas de pollo, aproximadamente 375 g (¾ lb) cada una, con piel y hueso

Combine el té limón, jengibre, la salsa de pescado, jugo de limón, ajo, chile y ralladura de limón en una licuadora y licúe, añadiendo agua conforme sea necesario para hacer una pasta espesa.

Unte la mezcla homogéneamente sobre ambos lados del pollo. Pase a un plato que no sea de aluminio, cubra y refrigere por lo menos 1 hora o hasta 4 horas.

Encienda el carbón en un asador exterior con cubierta y deje quemar el carbón hasta que se cubra con ceniza blanca. Acomode el carbón apilado en el centro del asador. No lo extienda. Para un asador de gas, precaliente en fuego alto. Apague un quemador y mantenga el otro (los otros) encendido(s) en fuego alto.

Engrase ligeramente la parrilla. Para una asador de carbón, acomode el pollo con la piel hacia abajo en el perímetro de la parrilla, no directamente sobre el carbón, y tape el asador. Para el asador de gas, coloque el pollo sobre el quemador apagado y tape. Cocine, volteando después de 15 minutos, hasta que no presente partes rosadas cuando se corten las partes más gruesas cerca del hueso, aproximadamente 35 minutos en total. Sirva caliente.

RINDE 4 PORCIONES

PREPARANDO TÉ LIMÓN
Un pasto alto tropical usado extensamente en cocina Thai y Vietnamita, el té limón llena la cocina con un sutil perfume cítrico. Su pálido bulbo inferior es la única parte suficientemente suave para cocinar. Corte y deseche los tallos, que son fibrosos y espinosos y remueva la capa externa dura de la porción inferior antes de usarla. Si está utilizando un asador de carbón exterior, remoje los tallos del té limón en agua y colóquelos encima del carbón encendido para añadir un poco de humo con aroma a limón.

BROCHETAS DE POLLO CON MARINADA DE YOGURT

USANDO BROCHETAS
Los palos de bambú deben
estar remojados, para evitar
que se quemen. Remoje los
palos en agua por 30 minutos
aproximadamente, después
escurra e inserte la comida a
ser asada en la brocheta
cubriendo éstos lo más
posible. Si asa con frecuencia
y quiere evitarse el remojado,
busque brochetas de metal.

Para hacer la marinada, combine el yogurt, cebolla, ajo, orégano, comino, ½ cucharadita de sal y ½ cucharadita de pimienta en un tazón de vidrio.

Añada el pollo cortado en cubos a la marinada y mezcle bien. Cubra y refrigere por lo menos 1 hora y hasta 2 horas, máximo.

Encienda el carbón en un extremo de un asador exterior con cubierta y deje quemar hasta que el carbón se cubra de ceniza blanca. Deje el carbón apilado a un lado, no lo extienda. Para un asador de gas, precaliente a fuego alto y después reduzca el fuego a temperatura media.

En cada una de las 4 brochetas inserte 4 piezas de pollo y 2 piezas de cada uno de los pimientos y 2 de calabaza, alternando entre el pollo y las verduras. Recubra las brochetas con la marinada sobrante.

Engrase ligeramente la parrilla. Para un asador de carbón, coloque las brochetas directamente sobre el carbón. Ase, volteando solamente una vez, hasta que dore de los dos lados, aproximadamente 3 minutos de cada lado. Pase al otro extremo del asador, no directamente sobre el carbón. Tape el asador y cocine hasta que el pollo se sienta firme cuando es presionado, de 8 a 10 minutos. Para un asador de gas, tape y cocine a fuego medio, volteando ocasionalmente, aproximadamente 15 minutos en total. Sirva caliente.

RINDE 4 PORCIONES

PARA LA MARINADA:

1 taza (250 g/8 oz) yogurt natural bajo en grasa

2 cebollas de cambray, finamente picadas, incluyendo las partes verdes suaves

1 diente de ajo, triturado

½ cucharadita orégano seco

½ cucharadita comino molido

Sal y pimienta fresca recién molida

3 medias pechugas deshuesadas y sin piel, aproximadamente 185 g (6 oz) cada una, cortadas en cubos de 4 a 5 cm (1½ a 2 in) de ancho

½ pimiento morrón rojo (capsicum), sin semillas y cortado en 8 pedazos iguales

½ pimiento amarillo (capsicum), sin semillas y cortado en 8 pedazos iguales

1 calabacita (courgette) cortada a la mitad a lo largo y después en 8 pedazos a lo anchos

SANDWICHES CUBANOS DE POLLO ASADO

PARA LA MARINADA:

²/₃ taza (160 ml/5 fl oz) de mayonesa

1 cucharada de mostaza de Dijon

2 cucharadas de jugo de limón fresco

Ralladura de limón

1 diente de ajo triturado

Sal y pimienta negra recién molida

4 mitades de pechuga de pollo deshuesadas y sin piel, aproximadamente 185 g (6 oz) cada una aplanadas a un grosor uniforme (página 108)

4 rebanadas jamón cocido o jamón de pavo de 3 mm (¹/₈ in) de grosor cortado a la medida de las pechugas

4 rebanadas de queso suizo de 3 mm (¹/₈ in) de grosor cortadas a la medida de las pechugas

4 piezas de pan tipo bolillo rebanados a la mitad longitudinalmente

Pepinillos dulces en rebanadas

Para preparar la marinada, en un tazón chico bata la mayonesa, mostaza, jugo de limón, ralladura, ajo, ¼ de cucharadita de sal y ¼ de cucharadita de pimienta. Transfiera la mitad de la mezcla de la mayonesa a un plato no muy profundo. Agregue las pechugas y voltéelas para cubrirlas. Tape y refrigere por 1 hora. Cubra y refrigere la mezcla de mayonesa sobrante hasta que se necesite.

Encienda el carbón en un asador exterior con tapa y déjelo quemar hasta que el carbón se cubra con ceniza blanca. Deje el carbón apilado en el centro; no lo extienda. Para un asador de gas, precaliente a fuego alto y después bájelo a fuego medio.

Engrase ligeramente la parrilla. Para un asador de carbón, ponga las pechugas directamente sobre el carbón. Ase, volteando una sola vez justo hasta sellar por ambos lados, aproximadamente 2 minutos por lado. Acomode las piezas hacia los lados y no directamente sobre el carbón. Tape el asador y cocine las pechugas hasta que se sientan firmes al presionar en el centro, aproximadamente 10 minutos. Cubra cada una con una rebanada de jamón y una rebanada de queso y cocine hasta que el queso se derrita, aproximadamente 1 minuto. Para un asador de gas, cubra y cocine a fuego medio volteando ocasionalmente, aproximadamente 15 minutos en total, agregando el jamón y el queso durante el último minuto.

Mientras tanto unte los bolillos con la mezcla de la mayonesa sobrante. Rellene con las pechugas y pepinillos dulces. Prense los panes firmemente. Regréselos a la parrilla y cocínelos volteándolos una vez, hasta que los bolillos estén ligeramente tostados, aproximadamente 2 minutos de cada lado. Corte los sándwich es a la mitad y sírvalos calientes.

RINDE 4 SANDWICHES

SANDWICHES CUBANOS
Una abundante combinación de puerco asado, queso suizo, jamón rebanado y pepinillos dentro de un bolillo suave forman la torta cubana, un ícono de las vecindades cubanas, desde la Habana hasta Nueva York y aún más allá. Sobre los mostradores en cafeterías y restaurantes se encuentran grandes pilas de tortas listas para ser devoradas a la hora del almuerzo. Los bolillos rellenos son prensados en la sandwichera, calentándolos y dorándolos por fuera. Esta versión es más ligera y rápida usando la marinada también como condimento.

POLLO A LA BARBACOA
CON SALSA AGRIDULCE

Para preparar la salsa, en una cacerola gruesa, caliente el aceite a fuego medio. Agregue la cebolla y revuelva constantemente a dorar, aproximadamente 6 minutos. Añada el ajo y cocine revolviendo hasta que despida un olor agradable, aproximadamente 1 minuto. Agregue y mezcle la salsa catsup, mermelada, jugo de limón y mostaza y deje que dé un hervor. Reduzca el fuego a medio bajo. Deje hervir lentamente y mueva constantemente hasta que se reduzca un poco, aproximadamente 20 minutos. Sazone con salsa Tabasco al gusto. Reserve para que se enfríe completamente.

Encienda el carbón en un asador exterior y déjelo quemar hasta que el carbón se cubra con ceniza blanca. Deje el carbón apilado en el centro; no lo extienda. Para un asador de gas, precaliente a fuego alto, apague un quemador y deje el otro en fuego alto.

Engrase ligeramente la parrilla del asador. Para un asador de carbón, acomode el pollo con la piel hacia abajo, alrededor del perímetro de la parrilla y no directamente sobre el carbón y tape el asador. Para un asador de gas, coloque el pollo sobre el quemador no encendido y tape. Cocine por 35 minutos volteando una sola vez. Unte el pollo generosamente con la salsa y de vuelta de nuevo. Cubra y cocine por 10 minutos más. Unte y voltee una vez más. Tape y cocine hasta que no tenga partes rosadas cuando se corte en las partes más gruesas, cerca del hueso, aproximadamente 10 minutos más. Sazone con sal y pimienta y sírvalo caliente.

Preparación por adelantado: La salsa de barbacoa puede prepararse hasta con 3 días de anticipación, dejándola enfriar, cubierta y refrigerada.

Servicio: El clásico elote asado es ideal para acompañar el pollo en barbacoa. Para asar el elote, quítele las hojas y ase directamente sobre el carbón, aproximadamente de 5 a 7 minutos dándoles vuelta ocasionalmente.

RINDE DE 6 A 8 PORCIONES

PARA LA SALSA:

2 cucharadas de aceite vegetal

1 cebolla blanca o amarilla finamente picada

2 dientes de ajo finamente picados

1¼ taza (315 g/10 oz) de salsa de tomate catsup (ketchup)

¾ taza (235 g/7½ oz) de mermelada de naranja

¼ taza (60 mm/2 fl oz) de jugo de limón fresco

2 cucharadas de mostaza condimentada

Salsa Tabasco u otra salsa picante

2 pollos de 2 kg (4 lb) cada uno, enjuagado y seco, cortado en piezas individuales (página 108)

Sal y pimienta recién molidas

FAJITAS DE POLLO

2 cucharadas de jugo de limón fresco

ralladura de un limón

1 cucharada de cilantro fresco

2 dientes de ajo, uno machacado y el otro finamente picado

Sal y pimienta recién molida

4 cucharadas (60 ml/2 fl oz) aceite de oliva extra virgen

4 mitades de pechuga deshuesadas y sin piel, aproximadamente 185 g (6 oz) cada una aplanadas a un grosor uniforme (página 108)

2 cebollas blancas o amarillas a la mitad y cortadas en medias lunas de 6 mm (¼ in) de grosor

2 pimientos morrones (capsicum) rojos sin semilla y cortados en tiras de 6 mm (¼ in) de ancho

2 chiles jalapeños sin semilla cortados en rodajas delgadas

1 cucharadita orégano seco

6 tortillas de harina calientes

Guacamole machacado con jitomate para servir *(ver explicación a la derecha)*

Crema agria para servir

En un tazón pequeño, mezcle, el jugo de limón, la ralladura de limón, cilantro, el ajo machacado, ½ de cucharadita de sal y ¼ de cucharadita de pimienta. Agregue 2 cucharadas de aceite de oliva para hacer una marinada. Vierta la marinada a una bolsa grande de plástico con cierre, añada el pollo, cierre la bolsa y muévala para que el pollo se cubra con ésta mezcla. Refrigere por lo menos 1 hora o hasta 3 horas, pero no más tiempo.

Mientras tanto, encienda el carbón en un asador exterior con tapa y déjelo quemar hasta que el carbón se cubra con ceniza blanca. Deje el carbón apilado en el centro; no lo extienda. Para un asador de gas, precaliente a fuego alto y después bájelo a fuego medio.

En una sartén para freír, caliente las 2 cucharadas de aceite sobrante sobre fuego medio. Agregue la cebolla, pimientos morrones y jalapeños y cocine revolviendo constantemente, hasta que la cebolla acitrone y esté muy suave, aproximadamente 15 minutos. Agregue el ajo finamente picado y orégano y cocine hasta que aromatice, aproximadamente 2 minutos. Sazone al gusto con sal y pimienta. Acomode las verduras a un lado en la sartén.

Engrase ligeramente la parrilla del asador. Para un asador de carbón, acomode las pechugas de pollo directamente sobre el carbón. Ase, volteando una vez hasta sellar por ambos lados, aproximadamente 2 minutos de cada lado. Pase al perímetro de la parrilla, no directamente sobre el carbón. Tape el asador y cocine hasta que las pechugas se sientan firmes cuando se presionen en el centro, aproximadamente 10 minutos. Para un asador de gas, cubra y cocine a fuego medio todo el tiempo, volteando una sola vez, aproximadamente 15 minutos en total.

Deje reposar el pollo por 5 minutos y corte en rebanadas delgadas en diagonal y páselas a un recipiente.

Cuando estén listas para servirse, regrese la sartén para freír a fuego medio alto y vuelva a calentar las verduras hasta escuchar el chisporroteo. Sirva las tortillas, el guacamole y la crema agria con el pollo y verduras permitiendo a los comensales que envuelvan los ingredientes con las tortillas.

GUACAMOLE MACHACADO CON JITOMATE

En un tazón, combine 2 aguacates maduros, pelados, deshuesados y picados en pedazos; 3 cucharadas de cebolla blanca o amarilla finamente picada; un chile jalapeño sin semillas y finamente picado; 1 cucharada de cilantro fresco picado; 1 cucharada de jugo de limón y 1 diente de ajo triturado. Aplaste o machaque el aguacate con un tenedor hasta que quede en pedazos pequeños pero no uniforme. Agregue un jitomate grande sin semillas y cortado en cuadros pequeños de 12 mm (½ in). Sazone con sal. Tape y refrigere hasta que esté listo para servir. Rinde 2½ tazas (625 g/1¼ lb)

CON UN POLLO ROSTIZADO

Un pollo asado recién salido del horno hace una comida apetitosa. Pero las sobras de esa deliciosa ave pueden convertirse en un platillo igualmente sabroso al día siguiente. Este capítulo ofrece una variedad de deliciosas recetas para hacerlo. Las recetas en las páginas 10 y 49 ofrecen 2 versiones diferentes usando un pollo asado. O, si lo desea, deténgase en una rosticería y lleve un pollo rostizado de 750 g (1 ½ lb) que le rendirá exactamente para preparar estos platillos.

ENSALADA CALIENTE
DE POLLO CON COUSCOUS

En una cacerola sobre fuego alto, mezcle el agua y ⅛ de cucharadita de sal y deje que suelte el hervor. Agregue el couscous y vuelva a hervir. Retire del fuego; tape y deje reposar 5 minutos. Traslade a un tazón y separe los granos con un tenedor. Agregue las zanahorias, las cebollas y los arándanos secos.

En un tazón pequeño, bata con el batidor globo el aceite y el vinagre de jerez. Sazone con sal y pimienta. Incorpore a la mezcla de couscous.

Pase el couscous a un plato para servir y arregle el pollo rebanado sobre él. Espolvoree con la yerbabuena y sírvalo caliente.

RINDE 4 PORCIONES

COUSCOUS

El couscous es un alimento básico de la cocina de África del Norte. Es una pasta granulada hecha de harina de trigo durum. En su región de origen, el couscous es elaborado en casa y cocinado mediante un proceso de vaporización en el cual éste se suspende sobre el vapor causado por un estofado al hervir. En cualquier parte del mundo el couscous se puede obtener precocido y sólo se necesita agregar al agua hirviendo o caldo y dejar reposar por varios minutos para rehidratar.

1½ taza (375 mm/12 fl oz) agua

Sal y pimienta recién molida

1 taza (185 g/6 oz) de couscous instantáneo

2 zanahorias peladas y picadas

2 cebollas de cambray incluyendo la parte verde suave, picadas

⅓ taza (45 g/1½ oz) arándanos secos

½ taza (125 ml/4 fl oz) aceite de oliva extra virgen

2 cucharadas de vinagre de jerez

330 g (10½ oz) pollo rostizado rebanado, (casi 2 tazas)

1 cucharada yerbabuena o menta fresca rebanada finamente

ENSALADA DE POLLO
PICADO CON BERRO Y RICOTTA

2 tazas (330 g/10½ oz) de pollo rostizado en pedazos pequeños

2 tazas (375 g/12 oz) jitomate cereza sin tallo, en mitades

1 pepino grande pelado, sin semilla, a la mitad y cortado en cuadritos de 12 mm (½ in)

1 manojo de berros, aproximadamente 155 g (5 oz) sin tallos y las hojas picadas

125 g (¼ lb) ricotta o queso feta desmoronado

2 cebollas de cambray, incluyendo las partes verdes, picadas

¼ taza (45 g/1½ oz) aceitunas negras del Mediterráneo, sin hueso y picadas

½ taza (125 ml/4 fl oz) aceite de oliva extra virgen

2 cucharadas de jugo de limón fresco

1 diente de ajo triturado

Sal y pimienta fresca recién molida

En un tazón grande, mezcle el pollo, los jitomates, el pepino, el berro, queso, cebollas de cambray y aceitunas.

En un tazón pequeño, mezcle el aceite y el jugo de limón hasta integrar por completo. Agregue el ajo, si lo usa, y sazone al gusto con sal y pimienta.

Vierta el aderezo sobre la ensalada y mezcle con cuidado. Sirva inmediatamente.

Variación: La ensalada picada es una buena manera de utilizar verduras sobrantes y pequeñas porciones de queso. Atrévase a hacer nuevas combinaciones con ellos. Otra posibilidad: pollo picado, queso azul desmoronado, manzanas picadas y nueces tostadas con una vinagreta de vinagre de sidra y aceite de nuez.

RINDE DE 4 A 6 PORCIONES

RICOTA SALATA

El ricotta es un queso fresco blanco. Para preparar el ricotta salata, el queso fresco es salado, prensado y añejado para producir una textura desmoronable y un sabor salado agradable. Este queso se puede conseguir en las tiendas especializadas en quesos o supermercados, puede ser rebanado para servir con fruta y pan o desmoronar sobre platillos para sazonar, como el queso parmesano. El queso feta lo puede sustituir

SANDWICHES A LA PARRILLA DE POLLO, CHAMPIÑONES Y GRUYÈRE

En una sartén para freír antiadherente, caliente el aceite a fuego medio. Agregue los champiñones y cocine revolviendo ocasionalmente hasta que suelten su jugo y el líquido se evapore, aproximadamente 6 minutos. Sazone con sal y pimienta. Páselos a un plato y déjelos a un lado. Espolvoree la mitad del queso sobre 2 rebanadas del pan.

Cubra con la misma cantidad de pollo, de champiñones y queso sobrante y las otras 2 rebanadas de pan para hacer 2 sándwiches. Presione cada sándwich suavemente. Unte una cucharada de la mayonesa sobre la parte superior de éstos.

Limpie la sartén con toallas de papel. Coloque sobre fuego medio alto hasta que este caliente. Coloque los sándwiches en la sartén con el lado de la mayonesa hacia abajo. Unte la mayonesa sobrante sobre la parte superior de los sándwiches. Cocine, dando vuelta una vez hasta que ambos lados estén dorados, aproximadamente 3 minutos de cada lado. Sirva caliente.

Variación: Aquí le damos otras 3 combinaciones para su sándwich de pollo a la parrilla. Manzanas finamente rebanadas con queso cheddar sobre pan integral; queso provolone, hojas de laurel frescas, y una pasta de aceituna sobre una rebanada delgada de pan italiano; jitomates deshidratados, queso mozzarella y hojas de orégano fresco sobre pan de semolina.

RINDE 2 SANDWICHES

CHAMPIÑONES CREMINI

Cultivados, de textura firme, los champiñones cremini cafés tienen un sabor más intenso que los blancos sin tener el sabor de los champiñones salvajes. Alguna vez conocidos como el champiñón café italiano, los cremini, cuando se les permite madurar completamente, se convierten en otro champiñón popular llamado el portobello gigante.

1 cucharada de aceite de oliva

6 champiñones blancos o cremini cepillados y finamente rebanados, aproximadamente 1 taza (90g/3 oz)

Sal y pimienta fresca molida

90 g (3 oz) queso gruyere rallado grueso

4 rebanadas de pan de caja de textura firme

155 g (5 oz) pollo rostizado rebanado, aproximadamente 1 taza

2 cucharadas de mayonesa

DIVÁN DE POLLO,
ESPÁRRAGO Y ROQUEFORT

500 g (1 lb) de espárragos quitando las partes duras

Sal y pimienta fresca molida

1½ taza (365 ml/12 fl oz) de leche

4 cucharadas (60 g/2 oz) de mantequilla sin sal

3 cucharadas de harina de trigo

125 g (¼ lb) queso roquefort o queso azul danés desmoronado

4 rebanadas de pan para sándwich de textura firme ligeramente tostadas

2 tazas (330 g/10½ oz) de pollo rostizado partido en pedazos pequeños

2 cucharadas queso parmesano rallado

Precaliente el horno a 200°C (400°F). Engrase con mantequilla ligeramente un platón cuadrado para hornear de 20 cm (8 in).

En una sartén para freír grande con tapa, combine los espárragos con agua ligeramente salada a cubrir. Hierva a fuego alto, tape y cocine hasta que los espárragos estén tiernos y ligeramente crujientes, aproximadamente 3 minutos (los espárragos se cocinarán más tiempo en el horno). Enjuague y cuele bajo el chorro de agua fría y séquelos con toallas de papel. Reserve.

Vierta la leche en una cacerola y caliente a fuego medio hasta que aparezcan pequeñas burbujas alrededor. No hierva. Mientras tanto, derrita 3 cucharadas de la mantequilla en una cacerola sobre fuego medio bajo. Agregue la harina y mezcle por 1 minuto. Despacio vierta y bata la leche caliente, y aumente el calor a fuego medio y deje hervir suavemente. Reduzca el fuego a medio bajo y continúe hirviendo moviendo constantemente hasta que espese, aproximadamente 5 minutos. Añada el queso azul y bata hasta que se derrita. Retire del fuego y sazone con sal y pimienta.

Acomode las rebanadas de pan en el platón para hornear previamente preparado encimando, conforme sea necesario. Reparta el pollo uniformemente sobre el pan y cubra con los espárragos. Vierta la salsa de queso azul sobre los espárragos y espolvoree con el queso parmesano. Corte la cucharada de mantequilla sobrante en pedazos pequeños y colóquelos sobre el queso parmesano.

Hornee hasta que la salsa esté burbujeando y quede ligeramente dorada, aproximadamente 20 minutos. Sirva caliente.

RINDE 4 PORCIONES

VARIEDADES DE QUESO AZUL

El queso azul veteado viene en una gran variedad de intensidades y texturas. El Roquefort, un clásico azul francés, tiene una textura desmoronable y un sabor penetrante que realza este diván tradicional, un gratinado que combina con aves y mariscos, una verdura verde y un buen queso derretido. El queso azul danés, ligeramente picante, es también un buen queso para cocinar. Si usa un queso azul suave tal como el gorgonzola, incremente la cantidad para acentuar el sabor.

RISSOTO CON POLLO, PARMESANO Y CHÍCHAROS

ARROZ PARA EL RISOTTO

El arroz más conocido para el risotto es el Arborio, que se cultiva tradicionalmente en el valle Po al suroeste de Milán y también por algunos agricultores americanos. Otras excelentes variedades son el Vialone Nano y el Carnaroli. Los americanos lo llaman arroz de grano mediano, sin embargo los italianos y otros lo denominan de grano corto. No supla por arroz de grano largo (no tiene suficiente almidón para hacer un risotto cremoso) o por arroz de grano corto (que tiene demasiado almidón).

En una cacerola, sobre fuego alto hierva el caldo de pollo. Reduzca el calor a lo más bajo para conservarlo caliente.

En una cacerola grande u horno holandés, sobre fuego medio, derrita la mantequilla. Agregue la cebolla y cocine, revolviendo constantemente, hasta suavizar, aproximadamente 3 minutos. Incorpore el arroz y cocine revolviendo frecuentemente, hasta que se vuelva opaco, de 2 a 3 minutos. No permita que el arroz se dore.

Agregue el vino y mezcle constantemente hasta que se absorba completamente. Añada suficiente caldo de pollo, (aproximadamente un cucharón sopero) para cubrir escasamente el arroz. Continúe cocinando revolviendo constantemente, hasta que todo el líquido se absorba. Siga vertiendo más caldo para cubrir escasamente el arroz y revolviendo hasta que se absorba, y los granos de arroz estén suaves pero ligeramente firmes en el centro, de 20 a 25 minutos. (Si todo el caldo es utilizado antes de que el arroz esté suave, agregue agua caliente.) Durante los últimos 3 minutos, incorpore el pollo y chícharos a calentar. Cuando el arroz ya se haya cocido, vierta ⅔ de taza (160 mm/5 fl oz) de caldo (o agua caliente) para darle al risotto una consistencia cremosa.

Retire del fuego y agregue el queso. Sazone al gusto con sal y pimienta. Sirva en tazones hondos y espolvoree con queso y perejil, sirva inmediatamente.

COMO PLATO FUERTE RINDE 4 PORCIONES. COMO ENTRADA DE 6 A 8 PORCIONES

6 tazas (1.5 l/48 fl oz) caldo de pollo de preferencia hecho en casa (página 111)

2 cucharadas de mantequilla sin sal

1 cebolla amarilla o blanca pequeña finamente picada

1½ taza (330 g/10½ oz) de arroz Arborio

¾ taza (180 ml/6 fl oz) de vino blanco seco, como el Savignon Blanc o el Pinot Grigio

2 tazas (330 g/10½ oz) de pollo rostizado cortado en pedazos pequeños

1 taza (155 g/5 oz) de chícharos cocidos frescos o congelados

⅔ taza (75 g/2½ oz) de queso parmesano rallado y un poco más para espolvorear

Sal y pimienta recién molida

Perejil fresco para adornar

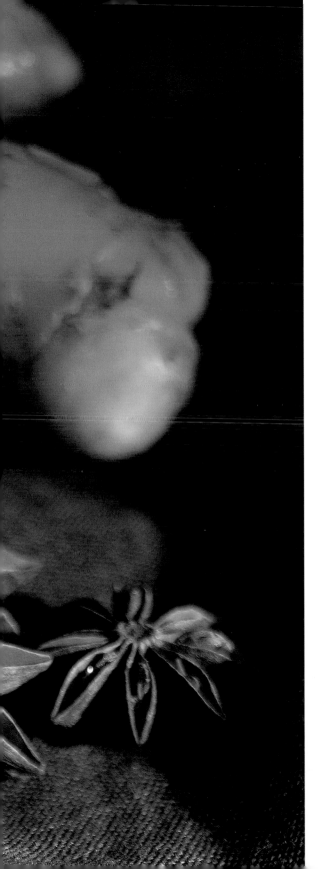

MÁS ALLÁ DEL POLLO

Muchas personas reservan el pato para cuando salen a cenar y el pavo para celebrar la Navidad, pero estas aves igual que otras, pueden prepararse tan fácilmente como el pollo y ser una bienvenida diferente. Las gallinas de Guinea, marinadas y asadas son un platillo ideal para una cena ligera de verano, mientras que las codornices en una exquisita salsa de vino impresionarán seguramente a sus invitados.

PECHUGAS DE PATO CON CILANTRO
ACOMPAÑADAS DE NARANJAS GLASEADAS

DORANDO

Al dorar las pechugas de pato en esta receta no sólo añadimos color sino también sabor pero, además, se elimina una buena parte de la grasa de la parte gruesa de la piel, lo que lo hace más agradable al paladar. Cuando dore alimentos, especialmente pollo y carne, deje suficiente espacio entre las piezas. Si las amontona se humearán en vez de dorarse y no se obtendrá el sabor deseado. Por ejemplo, al saltear 4 mitades de pechuga de pato, use 1 sartén muy grande ó 2 medianas para darle el espacio necesario.

Precaliente el horno a 200°C (400°F). Para la mezcla de especias para untar, combine en un tazón pequeño el cilantro, 1 cucharadita de sal, ½ cucharadita de pimienta y la ralladura de naranja. Usando un cuchillo filoso, marque unas rayas sobre la piel del pato haciendo un patrón a cuadros, teniendo cuidado de no llegar hasta la carne. Unte cada pechuga con la mezcla de especias.

Coloque las pechugas con su piel hacia abajo sobre una sartén grande antiadherente con mango especial para meter al horno. Caliente sobre fuego medio y cocine hasta que la piel esté dorada, aproximadamente 10 minutos. (No precaliente la sartén; al calentarse gradualmente se sacará la mayor cantidad de grasa.) Deseche la grasa acumulada. Voltee las pechugas y pase de inmediato al horno. Ase hasta alcanzar término medio (ligeramente suave con cierta resistencia al oprimir en el centro), aproximadamente 10 minutos. Pase a un plato y selle con papel aluminio para mantener caliente.

Deseche toda la grasa dejando únicamente 1 cucharada y ponga sobre fuego medio. Agregue la echalota y cocine hasta que se suavice, aproximadamente 1 minuto. Añada las naranjas, licor, vinagre y tomillo y cocine, volteando ocasionalmente, hasta que se calienten por completo y se haya evaporado el líquido, aproximadamente 2 minutos. Sazone ligeramente con sal y pimienta.

Coloque una pechuga sobre una tabla de picar y rebane diagonalmente a lo ancho del grano. Repita con la otra pechuga. Pase el cuchillo por debajo del pato rebanado y sirva en platos individuales y acomode en forma de abanico. Divida las naranjas y el arroz entre los platos. O, si lo desea, pase el arroz a un platón grande caliente y coloque las rebanadas de pato y naranja sobre el arroz. Sirva caliente.

RINDE 4 PORCIONES

PARA FROTAR:

1 cucharadita de cilantro molido

Sal y pimienta recién molida

Ralladura de 1 naranja grande

4 pechugas de pato sin hueso partidas a la mitad, de 375 g (¾ lb) cada una

2 cucharadas de echalota finamente picada

4 naranjas grandes sin semillas, peladas con un cuchillo y cortadas en rodajas de 1 cm (⅜ in) de grosor

3 cucharadas de licor de naranja, como Grand Marnier ó jugo de naranja fresco

2 cucharaditas de vinagre de vino tinto

1 cucharadita de tomillo fresco picado ó ¼ cucharadita de tomillo seco

Sal y pimienta recién molida

2 tazas (375 g/12 oz) de arroz salvaje y mezcla de arroz oscuro, cocinado de acuerdo a las direcciones del paquete.

ALBONDIGÓN DE PAVO CON SALSA DE SALVIA

PARA EL ALBONDIGÓN:

1 huevo

1 cucharada de puré de tomate espeso (tomato paste)

Sal y pimienta recién molida

625 g (1¼ lb) de pavo molido

⅓ taza (45 g/1½ oz) de pan molido

1 cebolla amarilla o blanca pequeña finamente picada

1 tallo de apio pequeño finamente picado

2 cucharadas de perejil picado

2 cucharaditas de romero fresco picado

PARA LA SALSA:

2 cucharadas de mantequilla sin sal

2 cucharadas de harina de trigo

2 tazas (500 ml/16 fl oz) de caldo de pollo, de preferencia hecho en casa (página 111)

2 cucharaditas de salvia fresca picada

Sal y pimienta recién molida

Precaliente el horno a 180ºC (350ºF). Engrase ligeramente un refractario de 23 por 33 cm (9 x 13 in) y un tazón con capacidad de 1 l (1 qt).

Para hacer el albondigón, combine en otro tazón el huevo con el puré de tomate, ¾ cucharadita de sal, ¼ cucharadita de pimienta a integrar por completo. Agregue el pavo, pan molido, cebolla, apio, perejil y romero y combine. Presione la mezcla dentro del tazón preparado. Coloque el refractario sobre el tazón y, agarrándolos al mismo tiempo, invierta y levante el tazón.

Hornee hasta que el termómetro instantáneo insertado en el centro del albondigón registre 74ºC (165ºF) aproximadamente 1¼ horas. Si el jugo que desprende se empezara a quemar, agregue ¼ taza (60 ml/2 fl oz) de agua sobre el refractario. Pase a un platón de servicio y cubra con papel aluminio sellando para mantener caliente. Retire el líquido del refractario.

Para preparar la salsa, agregue la mantequilla a la sartén y derrita a fuego bajo. Mezcle la harina y cocine 1 minuto. Integre lentamente el consomé. Suba la temperatura a calor medio y deje que suelte el hervor; desglase la sartén, moviendo para raspar cualquier trozo dorado. Reduzca el calor a medio bajo y deje hervir hasta reducir ligeramente, aproximadamente 5 minutos. Cuele la salsa, añada la salvia y sazone con sal y pimienta. Vierta en una salsera caliente.

Corte en rebanadas y sirva caliente. Acompañe con la salsa.

RINDE 4 PORCIONES

PASTA DE TOMATE

Si abre una lata de puré de tomate cuando sólo necesita una o dos cucharadas, busque un concentrado de tomate en pasta que viene en tubo. Puede presionar para sacar pequeñas cantidades, tapar y mantener en el refrigerador. Si le quedan restos de tomate en pasta, coloque pequeñas porciones, 1 ó 2 cucharadas, sobre papel encerado y congele hasta endurecer. Almacene en una bolsa para congelar con cierre hermético y mantenga en el congelador hasta por 3 meses.

PATO AHUMADO AL TÉ CON SALSA

POLVO DE 5 ESPECIAS
El polvo de 5 especias es un sazonador común en la cocina del sureste de China y en Vietnam. Se utiliza para el pollo rostizado. No obstante que puede encontrarlo ya preparado en tiendas bien surtidas, recomendamos prepararlo en casa para lograr mejores resultados en el sabor. Utilizando un molino de café o mortero, machaque 1 estrella de anís, rota en pedazos con 2 cucharaditas de pimienta Sichuan; ¼ cucharadita de semillas de hinojo y ¼ cucharadita de clavos enteros. Integre ¼ cucharadita de canela molida. Mantenga en un recipiente hermético en un lugar oscuro hasta por 6 meses.

Sazone el pato con sal por dentro y por fuera. Con un tenedor de carne pique toda la piel, teniendo cuidado de no picar la carne. Unte el polvo de 5 especies por dentro y por fuera. Coloque en una rejilla dentro de una cacerola para rostizar con tapa. Añada agua fría teniendo cuidado que no toque el pato. Ponga la cacerola sobre dos quemadores a fuego fuerte y deje hervir. Tape perfectamente y reduzca temperatura a media baja. Deje cocer al vapor por 1 hora. Retire el pato de la cacerola y deseche el líquido.

Mientras tanto, en un tazón grande, mezcle las hojas de té con el agua hirviendo y deje remojar por 5 minutos. Cuele, reservando el té hervido y las hojas por separado.

Prepare un fuego en un lado de un asador de carbón con tapa, deje arder hasta que este cubierto con ceniza blanca. Mantenga el carbón apilado; no lo extienda. Coloque un molde de papel aluminio desechable de 23 por 33 cm (9 x 13 in) en el espacio vacío del asador, 10 a 15 cm (4-6 in) por abajo de la rejilla del asador, y vierta en él la infusión de té.

Aceite ligeramente la rejilla del asador. Coloque el pato sobre el molde de aluminio. Rocíe el carbón con la mitad de las hojas del té. Tape el asador y ahume el pato, agregando el resto de las hojas del té y 10 briquetas de carbón al fuego después de 30 minutos, hasta que un termómetro instantáneo insertado en la parte más gruesa de la pierna registre 80ºC (175ºF), aproximadamente una hora. Para hacer crujiente la piel, coloque el pato sobre el carbón en llamas y cocine por 1 minuto, volteando el pato hasta que la piel chisporrotee. Deje reposar 10 minutos antes de servir.

Mientras tanto, prepare la salsa. En un tazón, mezcle la salsa de soya, miel y hojuelas de chile. Distribuya en pequeños platos de servicio y espolvoree con la mitad de los tallos de las cebollas de cambray. Corte el pato en cuartos con ayuda de unas tijeras para pollo. Acomode las piezas en un platón caliente y decore con el resto de los tallos de cebolla. Proporcione a cada comensal un plato con salsa.

RINDE DE 2 A 4 PORCIONES

1 pato de 2.25 Kg (4½ lb) enjuagado y seco, retirando el exceso de grasa

Sal

3½ cucharaditas de polvo de 5 especias (*vea explicación a la izquierda*)

½ taza (30 g/1 oz) de hojas de té negro

4 tazas (1 l/32 fl oz) de agua hirviendo

PARA LA SALSA:

⅓ taza (80 ml/3 fl oz) de salsa de soya

2 cucharadas de miel

¼ cucharadita de hojuelas de chile

2 cebollas de cambray, incluyendo los rabos, cortadas finamente a lo largo

CODORNICES CON SALSA DE NARANJA AL ZINFANDEL

1 taza (250 ml/8 fl oz) de vino tinto seco como el Zinfandel

1 taza (250 ml/8 fl oz) de jugo de naranja fresco

¼ taza (30 g/1 oz) de echalotas picadas

1 cucharada de romero fresco picado

Ralladura de una naranja

¼ taza (60 ml/2 fl oz) de aceite de oliva

4 codornices, hechas mariposa por el carnicero

Sal y pimienta recién molida

3 tazas (750 ml/24 fl oz) de caldo de pollo preferentemente hecho en casa (página 111)

½ cucharadita de fécula de maíz (Maizena) disuelta en una cucharada de agua

3 cucharadas de mantequilla sin sal

En un tazón, incorpore el vino, jugo de naranja, echalota, romero y ralladura de naranja. Integre 1 taza (250 ml/8 fl oz) de la mezcla de vino y vierta sobre un refractario añadiendo el aceite para preparar una marinada. Cubra y refrigere el resto de la mezcla de vino.

Coloque las codornices en la marinada y voltee para cubrir parejo. Tape y refrigere, moviendo ocasionalmente, por lo menos 1 hora o hasta por 4 horas.

Mientras tanto, prenda un asador de carbón exterior, deje arder hasta que esté cubierto con ceniza blanca. Mantenga el carbón apilado, en el centro del asador. No lo extienda. Para un asador de gas, precaliente en temperatura alta, después reduzca el calor a medio.

Engrase ligeramente la rejilla del asador. Retire las codornices de la marinada y salpimiente. Para el asador de carbón, coloque las codornices sobre el carbón con la piel hacia abajo. Ase hasta sellar la piel, aproximadamente 3 minutos. Pase al perímetro de la rejilla, no directamente sobre las briquetas, con la piel hacia abajo. Tape y deje cocinar hasta que estén todavía rosadas cuando corte en la articulación, aproximadamente 20 minutos. Para un asador de gas, coloque las codornices con la piel hacia abajo. Cubra y cocine sobre fuego medio, volteando una sola vez.

Aproximadamente 30 minutos antes de servir, mezcle en una olla a fuego alto, la salsa de vino reservada y el caldo. Cocine, moviendo ocasionalmente, hasta que el líquido reduzca a ½ taza (125 ml/4 fl oz), aproximadamente 25 minutos. Incorpore la fécula hidratada y deje hervir a espesar ligero. Retire del fuego e integre 1 cucharada de mantequilla a la vez. Sazone con sal y pimienta. Mantenga caliente.

Corte cada codorniz a la mitad longitudinalmente. Coloque las mitades en platos individuales calientes acompañando con la salsa alrededor de la codorniz. Sirva caliente.

RINDE 4 PORCIONES

VINO PARA COCINAR

Los vinos blancos frescos y ligeramente ácidos como el Sauvignon Blanco o el Pinot Grigio, son generalmente las mejores opciones para cocinar, con menos cuerpo que los ahumados Chardonnays, porque estos resaltan el delicioso sabor de la mantequilla o del aceite de oliva. Los vinos tintos deben tener cuerpo, piense en el Syrah, Zinfandel o Cabernet Sauvignon, que son mejores que los afrutados y ligeros de cuerpo como el Pinot Noir o el Beaujolais. Sin embargo, un vino para cocinar debe ser siempre lo suficientemente bueno para beberse, ya que un sabor pobre se intensifica en el calor.

GALLINAS DE GUINEA ASADAS CON MARINADA DE MOSTAZA AL LIMON

MARINANDO AVES
Al marinar pollo, no necesariamente es mejor durante demasiado tiempo. Si su marinada contiene ingredientes ácidos (como el vino, vinagre o jugos de cítricos), los ácidos tienden eventualmente a opacar la delicada piel del pollo, tornándolo chicloso. Sazone la marinada generosamente y coloque el pollo por lo menos durante 1 hora pero no más de 4 horas y su pollo asado tendrá un sabor delicioso y una buena textura.

Para hacer la marinada, mezcle en un tazón el jugo de limón, aceite, mostaza, ajo y hojuelas de chile.

Coloque las gallinitas en un platón grande para hornear. Vierta la marinada y voltee para cubrir. Tape el platón y refrigere por lo menos durante 1 hora o hasta 4 horas, volteando ocasionalmente.

Prepare el carbón en un lado de su asador para exteriores y deje quemar hasta que se cubra con una ceniza blanca. Apile el carbón en un lado; no lo extienda. Coloque un platón de aluminio desechable sobre el espacio libre del asador de 10 a 15 cm (4–6 in) por debajo de la rejilla del asador y llene hasta la mitad con agua. Si usa asador de gas, precaliente a calor alto. Apague uno de sus quemadores y mantenga los otros a temperatura alta. Coloque el platón desechable sobre la hornilla apagada y llene con agua hasta la mitad.

Retire las gallinitas de la marinada y deséchela. Sazone con sal. Engrase ligeramente la rejilla del asador. Coloque las gallinitas sobre el platón de aluminio, colocando su piel hacia abajo. Cubra cada una con algo pesado, como por ejemplo un ladrillo envuelto en papel aluminio. Tape el asador y cocine 25 minutos. Retire el peso y voltee. Cubra y cocine (sin el peso) hasta que no muestren carne rosada cuando se corte en su parte más cercana al hueso, aproximadamente 25 minutos.

Corte en cuartos, acomódelas sobre un platón caliente y sirva.

RINDE DE 2 A 4 PORCIONES

PARA LA MARINADA:

½ **taza (125 ml/4 fl oz) de jugo de limón fresco**

¼ **taza (60 ml/2 fl oz) de aceite de oliva**

2 **cucharadas de mostaza de Dijon**

2 **dientes de ajo picados**

½ **cucharadita de hojuelas de chile**

2 **gallinas de Guinea, de 750 g (1½ lb) cada una, en corte mariposa (página 109)**

Sal

CASSOULET RÁPIDA

500 g (1 lb) de alubias tipo "Great Northern", "White Kidney" o "Cannellini"

2 patos de 2.25 kg (4½ lb) cada uno, en piezas (vea página 108) cortado el exceso de piel

2 cucharadas de aceite de colza o aceite vegetal

250 g de pancetta o tocino en rebanadas gruesas, cortado en pedazos de 12 mm (½ in)

2 cebollas amarillas o blancas grandes picadas

2 dientes de ajo picados

1 cucharada de hierbas de Provence

1½ taza(375 ml/12 fl oz) de vino blanco seco

1 lata de (875 g/28 oz) de puré de tomate, jitomates picados reservando el puré

500 g (1 lb) de salchichas como la Kielbasa, cortada en rebanadas de 12 mm (½ in) de grueso

Sal y pimienta recién molida

3 tazas (750 ml/24 fl oz) de caldo de pollo, preferentemente hecho en casa (página 111)

2 tazas (125 g/4 oz) de pan molido fresco (página 42)

Escoja las alubias, desechando cualquier grano deforme o piedra y enjuague. Remoje en suficiente agua fría para cubrir por completo por lo menos durante 4 horas o hasta durante toda la noche.

Escurra. Coloque una olla grande sobre calor alto, combinando las alubias con agua fría a cubrir 5 cm (2 in). Deje que suelte el hervor, reduzca el calor a medio bajo, tape parcialmente y hierva hasta que suavicen ligeramente, aproximadamente 45 minutos. Escurra y reserve.

Mientras tanto, coloque una sartén para freír grande antiadherente sobre calor medio alto. Cocinando en tandas, dore el pato por ambos lados, aproximadamente 8 minutos en total. Deseche la grasa a medida que se acumule. Pase a un platón y reserve.

En una olla grande u horno holandés, caliente el aceite sobre fuego medio. Agregue la pancetta o tocino y cocine hasta dorar, aproximadamente 5 minutos. Pase al platón con el pato. Deje únicamente 2 cucharadas de la grasa en la sartén y deseche el resto. Agregue las cebollas y el ajo y cocine sin tapar, moviendo de vez en cuando, hasta que suavice, aproximadamente 5 minutos. Integre las hierbas y el vino. Deje que suelte el hervor y cocine durante 2 minutos. Incorpore los jitomates con su puré, la salchicha, 1 cucharadita de sal y ½ cucharadita de pimienta. Deje hervir, reduzca la temperatura a baja, tape y hierva a fuego lento hasta que espese ligeramente, cerca de 30 minutos. Rectifique la sazón.

Precaliente el horno a 180ºC (350ºF). Agregue las alubias y la pancetta o tocino a la olla y mueva. Entierre las piezas de pato en la mezcla de alubias. Incorpore el caldo y deje hervir. Pase al horno, Hornee, sin tapar durante 45 minutos. Espolvoree con el pan molido y hornee durante 15 minutos más. Ponga el pan molido justo por debajo del líquido y hornee hasta que se forme una costra, aproximadamente 20 minutos más. Retire del horno y deje reposar durante 10 minutos antes de servir.

RINDE DE 8 A 12 PORCIONES

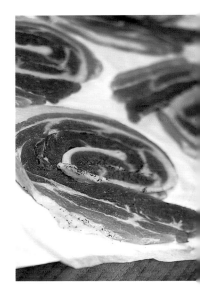

PANCETTA

En la zona del Mediterráneo a menudo se cura la panza del puerco de la misma forma que el tocino pero no siempre es ahumado. En Italia, generalmente se sazona con pimienta y algunas otras especias, se enrolla y se cura con sal para hacer pancetta, que es un buen sustituto para el tocino francés usado en la cassoulet tradicional y es fácil de encontrar.

ASADO DE PAVO AL ESTILO LONDINENSE CON GLASEADO DE JENGIBRE A LA SOYA

A TRAVÉS DEL GRANO
Ciertos cortes de aves y carnes se cortan "a través del grano" para aumentar su suavidad. Vea detenidamente y encontrará las fibras de músculos que van en una dirección. Coloque una pechuga de pavo sobre una tabla de picar con las orillas delgadas hacia la izquierda y derecha, dejando así que el grano vaya a lo largo. Corte la carne a través del grano, eso es, a lo ancho, con un cuchillo con cierta inclinación para aumentar la superficie de cada rebanada. Si cortara de forma totalmente recta, las rebanadas serían mucho más pequeñas y menos apetitosas.

Para preparar el glaseado, mezcle la salsa de soya con el jerez, vinagre, jengibre, azúcar mascabado y pimienta en una sartén poco profunda que no sea de aluminio.

Agregue la pechuga de pavo y vuelque para cubrir. Tape y deje reposar a temperatura ambiente durante 30 minutos, volteando una vez.

Precaliente el asador (rosticero). Engrase ligeramente la rejilla de un platón asador.

Coloque la pechuga de pavo sobre la rejilla del asador preparada y barnice con un poco de la salsa para glasear. Coloque el platón debajo del asador a una distancia aproximada de 15 cm (6 in) del calor y ase (rostice) durante 10 minutos, barnizando de vez en cuando con el glaseado. Voltee y continúe cocinando sin glasear aproximadamente durante 10 minutos, hasta que un termómetro instantáneo insertado en la parte más gruesa de la pechuga registre 74°C (165°F). Pase a una tabla de picar y deje reposar 5 minutos.

Usando un cuchillo filoso corte el pavo, con cierto ángulo a través del grano en rebanadas delgadas. Sirva caliente.

Nota: La clave para servir cortes de pavo jugoso sin piel ni hueso es evitar la sobre cocción. Use un termómetro de carne para checar la temperatura, que nunca deberá subir más de los 77°C (180°F). La temperatura interna del ave se elevará unos grados más mientras reposa antes de cortarla.

RINDE DE 4 A 6 PORCIONES

PARA EL GLASEADO:

¼ **de taza (60 ml/ 2 fl oz) de salsa de soya**

2 cucharadas de jerez seco

1 cucharada de vinagre balsámico

1 cucharada de jengibre fresco, pelado y rallado

1 cucharadita de azúcar mascabado clara
Pimienta recién molida

1 pechuga de pavo deshuesada y sin piel de 875 g (1¾ lb)

TEMAS BÁSICOS DEL POLLO

Para cualquier ocasión un platillo con pollo hará rendir el gasto familiar. Prepare una sopa de pollo para una comida sana y nutritiva que alimentará a un pequeño batallón. Si tiene invitados para una cena especial, sirva un crujiente pollo rostizado. Cuando tenga prisa, use pechugas deshuesadas sin piel y prepárelas en el Wok, a la parrilla, al horno o en la sartén. Hay mil formas de preparar el pollo con resultados deliciosos.

ESCOGIENDO EL POLLO

En el mercado, los pollos se clasifican por su peso. El pollo joven y pequeño pesa entre 1.4 a 2 kg (2 ¾ a 4 lb) y es lo suficientemente pequeño para cocinarse asado o frito. Los gallos aves grandes que han ganado peso, tienen un peso de aproximadamente 2.5 a 4 kg (5-8lb) y son perfectos para asar al horno a baja temperatura. Sus sobrantes sirven para preparar otros platillos. Las gallinas para guisos o aves de caza son aves mayores y se utilizan para preparar sopas, donde el cocimiento largo a fuego lento, suaviza la carne dura. El capón es un gallo castrado que ha sido alimentado con una dieta especialmente rica con el propósito de aumentar el sabor de su carne jugosa. Es perfecto para rostizar.

Las tiendas naturistas y algunos supermercados ofrecen una variedad de pollo de rancho (free-range) y pollo orgánico. Éstos son criados más libremente en grupos pequeños donde les permiten salir al exterior, pero no necesariamente se crían al aire libre. El pollo orgánico se alimenta con una dieta orgánica pero sin tratamiento de antibióticos (un procedimiento común para mantener a la bandada entera libre de infecciones) u hormonas. La mejor fuente de información sobre los diferentes tipos de pollo y su crianza, es su pollero o carnicero, quien está familiarizado con los criadores, lo que ayudará a decidir sobre cuál comprar.

Los pollos se pueden vender enteros, en piezas o por mitades. Algunas de las piezas que se pueden comprar son las pechugas, muslos, piernas y alas y, en ocasiones sin piel y deshuesadas. Estas últimas se cocinan rápidamente. El pollo molido es un buen sustituto de carne de res, con un contenido similar de grasa

Escoja pollos gordos y con color parejo. El color amarillo es un resultado aceptable de la dieta del pollo. Verifique la fecha de venta de los paquetes de los supermercados, el cual es calculado a una temperatura muy baja de un refrigerador industrial (mucho más fría que un refrigerador casero).

ALMACENANDO POLLO

Refrigere el pollo en el lugar más frío del refrigerador hasta por 48 horas después de la compra. Si huele mal cuando abra el paquete, no se asuste, puede ser el resultado de la disminución de oxígeno por el empacado. Enjuague el pollo bajo el chorro del agua fría y seque con toallas de papel. Si el olor persiste después de estar expuesto al aire por 5 minutos, regréselo al mercado.

Envuelto en plástico especial para congelación o en bolsas con cierre, el pollo se puede conservar hasta por 6 meses. Descongele en el refrigerador, nunca a temperatura ambiente, permitiendo 24 horas completas por cada 2.5 kg (5 lb) de pollo (considerando un pollo entero para rostizar, que toma todo un día para descongelar). Únicamente como último recurso puede descongelarse sumergiéndolo en agua fría (nunca tibia). Esta técnica de descongelado rápido afecta la textura y causará que se reseque al cocinarlo. No descongele y vuelva a congelar por esa razón.

SEGURIDAD SOBRE EL POLLO

El pollo es altamente perecedero. No debe permanecer expuesto más de 2 horas a temperatura ambiente. Para mayor seguridad, no más de 30 minutos. Antes y después de manejar pollo crudo, lave sus manos con bastante jabón y agua. También lave muy bien todas las tablas de picado, lavadora de trastes y utensilios de cocina que estuvieron en contacto con el pollo crudo. Finalmente para destruir cualquier bacteria que pudiera surgir de los alimentos, debe cocinarse a una temperatura interna de 71ºC (160º F).

CORTANDO UN POLLO ENTERO

Cuando una receta pida un pollo entero cortado en piezas, corte en 9 piezas: 2 alas, 2 pechugas, 2 muslos, 2 piernas y un espinazo. Para hacerlo utilice un cuchillo pesado de cocinero; aunque unas tijeras para cortar pollo agilizarán ciertos pasos y harán más fácil el trabajo. El espinazo no tiene carne suficiente por lo que no amerita su cocción; por lo tanto, congele junto con los huesos sobrantes y desperdicios para cuando decida preparar un caldo.

Para cortar el pollo, primero retire las piernas. Colóquelo con las pechugas hacia arriba y las piernas hacia usted. Jale una pata afuera del cuerpo para después hacer una incisión y ver la articulación de la cadera. Corte hacia abajo de esta articulación para separar la pierna entera, pierna y muslo del cuerpo. Repita con la otra pierna. Corte a través de la articulación entre la pierna y muslo para separar en dos.

Siga con las alas, tuerza un ala hacia afuera del cuerpo, después haga una incisión para encontrar la articulación del hombro y corte para separar del cuerpo. Repita con la otra ala.

Tuerza y rompa a lo largo de la espina, de cada lado donde se encuentra con la pechuga. Usando las tijeras para pollo, corte retirando la parte de atrás de las pechugas.

Sostenga la piel de las pechugas hacia abajo, desgarre la delgada membrana que cubre el hueso a lo largo del centro. Tome firmemente el final de cada pechuga y doble hacia arriba a que salte hacia afuera el hueso. Jale el hueso hacia afuera. Si es necesario, utilice un cuchillo para cortarlo y ayudar a liberarlo.

Finalmente, coloque la piel de la pechuga hacia abajo sobre una tabla de picar. Corte a lo largo del centro para dividir a la mitad.

DESHUESANDO Y QUITANDO LA PIEL DEL POLLO

El pollo deshuesado en piezas se cuece rápidamente y requiere pocos estoques del cuchillo. Es fácil quitar el hueso de la pechuga. Al quitar la piel de cualquier ave, también se elimina una tercera parte de la grasa. Puede comprar piezas sin piel, pero con poco esfuerzo lo puede hacer usted mismo. No desperdicie su tiempo en quitar la piel de las alas, no vale la pena el esfuerzo.

Para quitar la piel de la pierna del pollo, tome una esquina de la piel firmemente y jale hacia afuera en una pieza. Para remover la piel de la pechuga, tome la parte más gruesa del final y tire hacia afuera. Para quitar la piel del muslo, jale la piel de la parte más carnosaal final del muslo. Puede ser que algo de piel quede adherida al hueso de abajo del muslo, pero ésta puede cortarse.

DESHUESANDO MITADES DE PECHUGA

Para quitar el hueso de las mitades de pechuga, primero retire la piel, si lo desea. Con un cuchillo filoso de hoja delgada empiece cortando desde abajo de la pechuga en el extremo más angosto , quite la carne del hueso, jalando hacia afuera con su otra mano mientras trabaja.

Deteniendo la parte dura del final del tendón de la parte de abajo raspe la carne con un cuchillo.

APLANANDO MITADES DE PECHUGAS

Varias recetas solicitan milanesas sin hueso para cocinar más parejo y rápidamente. No aplane la carne, sólo unos pequeños golpes indirectos serán suficientes. Coloque las pechugas entre dos papeles encerados o envoltura plástica. Utilizando la parte plana de un mazo para carne, golpee uniformemente a dejar de unos 6 mm(¼ in) de grosor.

POLLO MARIPOSA

El corte mariposa para el pollo u otra ave, o el cortarlo y dejarlo plano como un libro abierto, ayuda a cocinarlo más rápidamente exponiendo toda su piel al calor para dejarlo más crujiente.

Para hacer mariposa un pollo entero, utilizando las tijeras de pollo corte hacia abajo el hueso de la espina. Si lo desea corte hacia abajo la otra parte de la espina y retire. (Congele la espina para usarla cuando prepare caldo).

Después, abra el pollo como un libro y coloque la piel hacia abajo. Con la muñeca, presione fuertemente el hueso de la pechuga para romper y aplanar.

LO BÁSICO PARA ASAR

El asado es una de las maneras más sencillas de cocinar el pollo. Sólo unas cuantas sugerencias garantizarán los mejores resultados.

Para asar al carbón, amontone los carbones en un lado del asador y coloque la comida en la parte opuesta (llamado cocimiento indirecto) lo que es conveniente para ciertos alimentos, especialmente para las aves con hueso. Este es un método suave y lento, recomendado para piezas grandes que requieren cocinarse totalmente. También evitan las llamaradas. Si la grasa que se derrite de la piel se derramara sobre el carbón, las flamas brotarían hacia arriba quemando los alimentos. Cuando ase

indirectamente, mantenga la tapa del asador cerrada; el calor y el humo encerrados ayudarán a una cocción completa dando un sabor ahumado delicioso a los alimentos.

Para un cocimiento indirecto en un asador de gas, abra la válvula del tanque de gas propano; prenda la flama según las instrucciones del manual y precaliente a fuego alto. Apague una de las hornillas y mantenga la otra encendida a fuego alto. Coloque los alimentos encima de la parte no iluminada y tape.

Cuando ase cortes delicados como las pechugas deshuesadas y sin piel, coloque sobre calor medio (nunca alto) o terminará con un pollo seco y duro. Cuando utilice carbón, deje que éste arda por varios minutos hasta que esté cubierto de ceniza blanca. Para saber si está lo suficientemente caliente, coloque su mano sobre la rejilla con el carbón y cuente. Si puede contar sólo 1-2 el fuego está listo para un filete de res pero no para pollo deshuesado. Si logra contar hasta 3 o más, el fuego es el indicado para asar. Para un asador de gas, basta girar la perilla y marcar el calor deseado.

El carbón de leña dura da a los alimentos un rico sabor ahumado; sin embargo, los maderos son irregulares y, por tanto se queman rápidamente. Las briquetas de carbón, están hechas de carbón molido y compactado, por lo que se queman parejo a paso moderado. Para

obtener lo mejor de los dos mundos, mezcle leña y carbón.

CHECANDO EL TÉRMINO

El pollo se debe cocinar a una temperatura mínima de 71º C (160ºF) para eliminar cualquier bacteria que pudiera contener, como la salmonella. Sin embargo, no se debe sobre cocinar. Para rectificar con absoluta seguridad el término, utilice un termómetro, pero también haga uso de sus sentidos de la vista y tacto.

Para verificar el término de aves enteras, inserte un termómetro de lectura instantánea en la parte más gruesa de la pierna, sin tocar ningún hueso. Debe de registrar 77ºC (170ºF).

En el caso de cortes sin hueso, presione en el centro. Unas pechugas de pollo perfectamente cocinadas, se sentirán firmes volviendo a su posición anterior.

Para los cortes con hueso, haga una incisión cerca del hueso. La carne se verá opaca, sin ningún tono rosado.

TRINCHANDO EL POLLO

Antes de trinchar o cortar un pollo rostizado, deje reposar a temperatura ambiente por lo menos 10 minutos y hasta 20 minutos si se trata de una ave más grande. No se enfriará y el período de reposo ayudará a que los jugos se distribuyan uniformemente sobre toda la carne. Si la cocina esta fría, haga una casa

de campaña con papel aluminio. Para mejores resultados, trinche con un cuchillo filoso con una larga y delgada cuchilla, necesaria para cortar las anchas rebanadas de pechuga de aves grandes y un tenedor de carne para detener firmemente el ave. Algunos pasos básicos para trinchar el pollo se enseñan en la página opuesta:

1 **Quitando la pierna:** Coloque verticalmente la pechuga y corte a través de la piel entre el muslo y la pechuga. Jale la pierna hacia afuera del cuerpo para encontrar la articulación, luego corte a través de ésta para retirar la pierna entera.

2 **Trinchando la pierna:** Si el pollo es pequeño sirva la pierna entera como una sola porción. Si es grande, corte a través de la articulación que separa el muslo de la pierna. Para rebanar el muslo, corte la carne en rebanadas delgadas paralelamente al hueso.

3 **Quitando las alas:** Corte a través de la piel entre el ala y la pechuga y jale el ala para separarla del cuerpo y encontrar la articulación del hombro. Corte a través de la articulación para retirar el ala.

4 **Rebanando la pechuga:** Haga un corte horizontal profundo a través de la pechuga hacia el hueso, justo arriba de la articulación del muslo y el ala, haciendo un corte en la base. Empiece cerca del hueso de la pechuga, cortando verticalmente rebanadas delgadas hasta llegar a la base.

CALDO DE POLLO

El caldo de pollo es fácil de hacer en casa y de mantener a la mano en el congelador. Es la base para incontables sopas, guisos y salsas y es usado también como una fuente de sabor y humedad en muchos otros platillos sazonados.

Hacer caldo de pollo es una buena manera de aprovechar los cortes del pollo. Haga su propio almacenamiento de sobrantes congelando huesos, espinazo, cuellos y alas, tanto cocinados como sin cocinar. Solicite a su carnicero piezas de pollo de 5 cm (2-in).

El caldo de pollo enlatado es un sustituto aceptable para porciones pequeñas y, en algunos mercados puede encontrarlo congelado. Al escogerlo, asegúrese que sea bajo en sodio para obtener un mejor sabor y control de la cantidad de sazonadores usados en la receta.

CALDO DE POLLO

2 cucharadas de aceite vegetal

1 cebolla amarilla o blanca, picada toscamente

1 zanahoria grande, picada toscamente

1 tallo de apio, picado toscamente

1.5 kg (3 lb) de piezas de pollo, como alas, espinazo y otras piezas, picadas toscamente

½ cucharadita de tomillo seco

¼ cucharadita de granos de pimienta

1 hoja de laurel

En una olla grande, a fuego medio alto, caliente el aceite vegetal. Añada la cebolla, zanahoria y el apio y cocine destapado, moviendo constantemente hasta suavizar, aproximadamente 5 minutos. Añada las piezas de pollo. Incorpore suficiente agua fría a cubrir, aproximadamente 5 cm (2 in) alrededor de 2.5 l (2 ½ qt). Hierva sobre calor alto, retirando la espuma que se forme en la superficie. Añada el tomillo, pimienta y hoja de laurel. Reduzca la temperatura a baja, cubriendo parcialmente. Deje a fuego bajo hasta que tome más sabor y deje reducir, aproximadamente un cuarto, por lo menos durante 2 horas o hasta 4 horas.

Cuele sobre un trozo grande de manta de cielo (muselina) fina hacia un tazón grande. Deseche los sólidos. Deje enfriar a temperatura ambiente; después, cubra y refrigere por toda la noche. Retire la grasa de la superficie. Tape y refrigere hasta por 2 días o congele en recipientes herméticos hasta por 6 meses. Rinde 2 l (2 qt).

Para preparar caldo de pavo: sustituya el pollo por 1.5 kg (3 lb) de alas de pavo, cortadas en pedazos pequeños. Si lo desea, añada vísceras, exceptuando el hígado (que vuelve amargo el caldo) y agregue el cuello (cortado en pedazos de 5 cm / 2 in) de un pavo entero.

GLOSARIO

ACEITE DE OLIVA El aceite de oliva extra virgen, está hecho de aceitunas prensadas sin usar calor; tiene un fresco sabor con cuerpo, de color verde que fluctúa desde el oscuro al pálido. Es especialmente indicado para preparaciones que no necesitan cocimiento. El aceite de oliva regular (anteriormente llamado puro, es ahora vendido sin una designación específica) se extrae de las aceitunas de diferente forma. Es de color dorado y tiene menos sabor que el extra virgen, pero es muy conveniente para saltear.

AJO Para pelar el ajo aplaste un diente suavemente con la parte plana del cuchillo y quite el papelillo. Para picarlo, haga primero una serie de cortes longitudinales, deteniéndose justo antes del final del diente. Gírelo 90º grados y haga otra serie de cortes longitudinales parando una vez más justo antes del final. Con una serie de cortes a lo ancho, rebane a todo lo largo para picarlo.

En algunos platillos que especialmente piden ajo crudo, la textura firme del ajo picado puede ser desagradable, por lo que se recomienda aplastar los dientes utilizando un prensador de ajos. No sustituya los dientes de ajo machacados por picados para cada receta, ya que los machacados se cocinan mucho más rápido y se pueden quemar.

ANDOUILLE es una salchicha de puerco muy sazonada, muy usada en la cocina Cajun. Se consigue en supermercados y delicatessen. La salchicha polaca Kielbasa la puede sustituir.

ANIS ESTRELLA es la especie en forma de estrella con 6 ó 7 puntas, el anís estrella tiene indicios de canela y regaliz, siendo popular en la cocina China.

AVE DE CAZA En vez de cazar aves salvajes, la mayoría de los cocineros optaron por criaderos de aves para cocinar. Las más populares son las codornices y los pichones pequeños. Las codornices son bastante pequeñas, con un peso de 250 g (½ libra) cada una. Por lo tanto considere servir 2 por persona. Algunas veces se venden con la pechuga deshuesada, lo que las hace más fáciles de preparar. Los pichones pequeños son del mismo tamaño, pero éstos si son suficientes para 1 persona. Sus suaves pechugas de color café se secan fácilmente si se sobre cuecen; por lo tanto, cocínelas dejándolas medio crudas para obtener un suculento resultado.

AZAFRÁN Uno de los sazonadores con sabor más distintivo, el azafrán es altamente aromático y da a los alimentos un color amarillo brillante. Es el estigma o pistilo de un pequeño croco y se requiere de miles de estos pequeños estigmas para producir sólo 30 g (1 oz) de esta especia. Compre en pequeñas cantidades y almacene en un lugar fresco y oscuro. Aplaste sólo los estigmas que necesite. El azafrán en polvo pierde su sabor más rápido que los pistilos.

BEBIDAS ALCOHÓLICAS Ó AGUARDIENTES Los vinos y licores añaden un profundo sabor a muchos platillos. Considere su bar como una extensión de su gabinete de especias. El vino fortificado (vino que ha sido mezclado con una bebida con más contenido alcohólico para agregarle más sabor ó incrementar su tiempo de caducidad) como el rojo seco Marsala ó el vermouth blanco seco, pueden ser sustituidos por vino regular para un platillo cocinado. Se pueden mantener por meses en refrigeración, siendo perfectos para tener a mano en la despensa.

COL RIZADA Esta hoja, verde oscuro forma parte de la familia de la col y usualmente se cocina por tiempo prolongado, sirviéndose como platillo de acompañamiento, pero también popularmente como ingrediente de sopa. La col rizada tiene mucha arena, por lo que debe enjuagarse bien para quitarle cualquier residuo. Los tallos duros deben removerse antes de cocinar. Detenga cada hoja por el tallo. Con su otra mano, doblando longitudinalmente, separe el tallo de la hoja. Esta técnica sirve para los tallos muy gruesos de hojas verdes, incluyendo la espinaca.

ECHALOTA Con un sabor semejante al de la cebolla morada, la echalota se asemeja a una cabeza de ajo color café, con 2 o 3 grandes dientes por cabeza. Conserve en un lugar fresco y oscuro hasta por un mes, pele perfectamente su piel papelillo antes de usar.

GALLINA DE GUINEA Es la cruza del gallo Cornish con la gallina blanca Plymouth Rock. Esta pequeña ave pesa alrededor de 750 g (1 ½ lb) y rinde para una porción generosa para una persona, o una modesta ración para 2. Los Poussins, son verdaderos pollos bebés que pesan alrededor de 500 g (1 libra) cada uno y pueden sustituir a las gallinas Cornish. Simplemente disminuya el tiempo de cocción por un tercio.

HIERBAS DE PROVENCE Las hierbas de Provence son una mezcla de fragantes hierbas secas, que usualmente incluyen albahaca, tomillo, orégano, salvia y un toque de lavanda. Pueden comprarse o hacerse fácilmente en casa. La combinación clásica es 2 cucharadas de tomillo seco, 2 cucharadas de salvia de verano, 2 cucharadas de albahaca seca, 1 cucharadita de semillas de hinojo y ½ cucharadita de lavanda seca.

HINOJO Es un vegetal en forma de bulbo con un sabor suave a regaliz. Su frondosa hoja menuda puede ser picada y agregada a un platillo para sazonar ó decorar; sus semillas secas son utilizadas en algunas recetas asiáticas y mediterráneas. Para preparar el hinojo, corte la parte de arriba de los tallos cuando esté demasiado denso el follaje Corte el bulbo a la mitad longitudinalmente y retire la parte del corazón de la base del bulbo. Rebane a lo ancho. Las capas se separan formando medias lunas.

HUEVO CRUDO Los huevos crudos tienen la desventaja de poder estar infectados con salmonella u otra bacteria, que pudiera envenenar los alimentos. Este riesgo es mayor para los niños pequeños, personas de edad, mujeres embarazadas o cualquiera que tenga un sistema inmunológico débil. Si es sano y se preocupa por su seguridad, no consuma huevos crudos o reemplácelos por huevos pasteurizados. Los huevos son seguros cuando se calientan a una temperatura de 71ºC (160ºF). Tome en cuenta que los huevos duros, escalfados o tibios no alcanzan esta temperatura.

JITOMATE Aunque se consigue todo el año, sabe mejor en el verano. Las latas de jitomate son un excelente sustituto. Los jitomates italianos (Roma- Guaje), especialmente la variedad San Marzano son prestigiados por la textura de su carne y su sabor profundo, pero también hay otros envasados. Cuando abra una lata, cerciórese de que tengan una textura firme sin manchas con un espeso y sabroso jugo.

LECHE DE COCO La leche fresca de coco se obtiene de remojar en agua la ralladura de la carne de coco y exprimir luego para retirar el líquido. Las latas de leche de coco se consiguen en los supermercados y mercados asiáticos o latinos, y son bastante aceptables. Agite la lata antes de usarla. No confunda la leche de coco con la crema dulce de coco, que se utiliza principalmente para bebidas tropicales.

PATO El pato pekinés (llamado también Long Island) es el más común criado en granjas y es el que se encuentra en los supermercados. Algunos carniceros especializados cuentan con patos Moulard o Muscovy, muy populares en restaurantes para magrets y pechugas deshuesadas sin piel. Muchas recetas de pato incluyen técnicas para remover, al cocinar, el exceso de grasa de la piel y obtener un resultado dorado y crujiente.

PIMIENTA SICHUAN De color café rojizo y con un penetrante olor a mentol, este grano espinoso del árbol del fresno no es una verdadera pimienta. La pimienta Sichuan es un sazonador favorito en el oeste de la China. Es medianamente picante, con un sabor que la hace distintiva e intrigantes.

PIMIENTO CUBANELLE Algunas veces llamado pimiento italiano para freír, es alargado y de un color verde pálido con sabor condimentado. Puede ser sustituido por el pimiento verde (capsicum).

POLVO DE CURRY Es la combinación de especias típicamente usada como sazonador para curries hindúes. Comúnmente está compuesto de cúrcuma con fenugreco, macis, pimienta, cilantro y otras especias. En la India existen muchas versiones diferentes recién molidas. Fuera de la India, los cocineros raramente utilizan las versiones comercialmente mezcladas. El polvo de curry estilo Madras está bien balanceado ya que no es tan picante.

QUESO FONTINA Es un queso italiano no muy firme, elaborado con leche de vaca, tiene un color café ligero en la orilla. El fontina es un queso que se derrite. Los productos daneses o americanos no tienen tanto sabor.

QUESO GRUYERE Uno de los quesos clásicos elaborados a base de leche de vaca.

De sabor similar al queso Suizo, tiene pequeños hoyos, su textura es firme y un sabor dulce a nuez. Este queso también derrite a la perfección.

QUESO MOZZARELLA Originalmente de Italia, los quesos mozzarella tradicionalmente eran hechos a base de leche de búfala; hoy en día se elaboran con leche de vaca. Se consiguen tanto en supermercados como en una versión fresca, enrollada a mano en bolas pequeñas o medianas, empacadas en agua y con más sabor distintivo a leche.

QUESO PARMESANO Para gratinar, busque la versión auténtica italiana de este queso firme hecho en Emilia-Romagna, ya que su sabor y textura es superior a cualquier imitación de otros países. Un verdadero Parmesano debe tener las palabras Parmigiano-Reggiano estampado en su orilla.

QUESO PECORINO ROMANO Este intenso y firme queso italiano para gratinar, está hecho de leche de oveja. Los quesos americanos Romano se elaboran únicamente a base de leche de vaca o combinando con leche de oveja o cabra.

QUESO RICOTA En Italia "recocido". El queso ricotta original está cocinado con el suero drenado del queso mozzarella. Es un queso húmedo, fresco con pequeñas cuajadas, que puede encontrarse fácilmente en supermercados y algunas veces en versiones perecederas artesanales en delicatessen italianas o tiendas de quesos. Para información de ricotta salata, vea la página 83.

RALLADURA DE LIMON la capa colorida superficial de la piel de cítrico, la cáscara, contiene aceites aromáticos que agregan sabor a los platillos y se puede retirar con un pelador de verduras (el cual quitará la cáscara en una tira ancha); con un rallador (un utensilio con pequeños hoyos que retira la cáscara en tiras muy pequeñas) o con las raspas más pequeñas de un rallador de queso. Para lograr un mejor sabor, debe evitarse la cáscara blanca y amarga que se encuentra por debajo de la piel.

SALSA DE PESCADO ASIÁTICA Muchos platillos del sureste asiático se sazonan con esta salsa hecha con pescado fermentado salado. De las versiones existentes, la Nouc Mam (Vietnamita) y Nam Pla (Thai) son intercambiables, pero la Pastis (Filipina) es más suave.

SAZONADOR CAJUN Es una mezcla de especias y hierbas que se puede comprar ya preparada, pero también se puede mezclar en casa con ingredientes comunes. Use sazonador gumbo, para espolvorear sobre palomitas o para barnizar las carnes, aves o mariscos antes de asar. Mezcle 2 cucharadas de páprika dulce húngara; 1 cucharada de albahaca seca y una más de tomillo seco; ½ cucharadita de: ajo en polvo, cebolla en polvo y pimienta negra molida y ¼ de cucharadita de pimienta de cayena. Almacene tapada en un lugar fresco, oscuro y seco de su despensa hasta por 6 meses.

TIJERAS DE POLLO Son un utensilio de cocina parecido a unas tijeras toscas, que hacen más rápido el corte de los huesos duros del pollo. Estas tijeras tienen cuchillas curvas que dan al cocinero una palanca mayor y requieren menos fuerza muscular que un cuchillo de Chef.

VINAGRE El vinagre de vino se produce cuando las bacterias causan una fermentación del vino por segunda vez, haciéndolo ácido. Los mejores vinagres son el resultado de la lenta fermentación de un buen vino; los vinagres de menor calidad están hechos de vinos de mala calidad a los que se les ha puesto levadura para lograr una fermentación rápida. El vinagre balsámico está hecho del mosto de las uvas Trebbiano dulces, creando un vinagre con un exquisito sabor dulce, que es añejado durante años en barricas de diversas maderas, que dan los diferentes sabores al vinagre. El balsámico se usa únicamente en muy pequeñas cantidades debido a su muy concentrado sabor. Otro vinagre de vino es el de jerez, ligeramente ácido con un ligero rastro dulce. El vinagre también puede hacerse de otras bases, tales como la sidra.

ÍNDICE

117

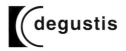

DEGUSTIS
Es un sello editorial de
Advanced Marketing, S. de R.L. de C.V.
Calz. San Francisco Cuautlalpan No. 102 Bodega "D", Col. San Francisco Cuautlalpan
Naucalpan de Juárez, Estado de México, C.P. 53569

WILLIAMS-SONOMA
Fundador y Vice- Presidente: Chuck Williams
Compras: Cecilia Michaelis

WELDON OWEN INC.
Presidente Ejecutivor: John Owen; Presidente: Terry Newell;
Vicepresidente, Ventas Internacionales:Stuart Laurence; Director de Creatividad: Gaye Allen;
Editor de Serie: Sarah Putman Clegg; Editor Asociado: Heather Belt: Gerente de Estudio: Brynn Breuner;
Editor de Fotografía: Lisa Lee; Editor de Copias: Sharon Silva; Editor Consultor: Norman Kolpas;
Diseñadores: Lisa Schulz y Douglas Chalk; Fotografía de Alimentos: Maren caruso
Estilistas de Alimentos: Kim Konecny y Erin Quon; Estilista de Props: Carol Hacker;
Asistente de Fotografía: Faiza Ali; Índice: Ken DellaPenta; Corrección de Estilo Dresne Ahlers,
Kate Chynoweth, Linda Bouchard y Carrie Bradley; Diseñador de Producción: John Olson

Título Original/Original Title: Pollo/Chicken   Traducción: Laura M. Cordera
Pollo de la Colección Williams – Sonoma fue concebido y producido por Weldon Owen Inc.,
en colaboración con Williams – Sonoma.

Una Producción Weldon Owen Derechos registrados © 2001 por Weldon Owen Inc, y Williams – Sonoma Inc.

Derechos registrados © 2003 para la versión en español: Advanced Marketing, S. de R.L. de C.V.
Calz. San Francisco Cuautlalpan No. 102 Bodega "D", Col. San Francisco Cuautlalpan
Naucalpan de Juárez, Estado de México, C.P. 53569

Presentado en Traján, Utopía y Vectora.

ISBN 970-718-059-5
ISBN13: 978-970-718-059-8

Separaciones a color por Bright Arts Graphics Singapur (Pte.) Ltd.
Fabricado, Impreso y encuadernado en Singapur por Tien Wah Press (Pte.) Ltd./Manufactured, printed and bound in Singapore by
Tien Wah Press (Pte.) Ltd

2 3 4 5   07

UNA NOTA SOBRE PESOS Y MEDIDAS

Todas las recetas incluyen medidas acostumbradas en Estados Unidos y medidas del sistema métrico.
Las conversiones métricas se basan en normas desarrolladas para estos libros y han sido
aproximadas. El peso real puede variar.